フランダースの犬

原作●ウィーダ
文●森山 京　絵●いせひでこ

もくじ

1 荷車《にぐるま》を引《ひ》く犬《いぬ》

ある夏《なつ》のことでした。

かんかんでりの道《みち》を、一《いっ》ぴきの犬《いぬ》が、荷車《にぐるま》を引《ひ》いてやってきました。

荷車《にぐるま》には、金物《かなもの》やせとものが、どっさりつみあげてあります。その重《おも》みで、犬《いぬ》はたびたびころびそうになったり、立《た》ちどまりかけた

りしました。

　すると、

「とまるな！　さっさと歩《ある》け！」

　どなり声《ごえ》とともに、はげしいむちの音《おと》が、あたりにひびきました。

　ビシッ、ビシッ、ビシッ……。

　むちをふるっているのは、荷車《にぐるま》の持《も》ち主《ぬし》の金物屋《かなものや》でした。この男《おとこ》は、あちこちの町《まち》や村《むら》をまわり、荷車《にぐるま》につんだバケツ、なべ、つぼ、びんなどを売《う》り歩《ある》いているのでした。

荷車《にぐるま》を引《ひ》くきつい仕事《しごと》は、いつも犬《いぬ》にやらせ、自分《じぶん》はそのわきを、ぶらりぶらりとついていきました。

そして、犬《いぬ》の足《あし》どりがちょっとでもおそくなると、力《ちから》まかせにむちでうつのでした。

真夏《まなつ》の日《ひ》ざかり、太陽《たいよう》はぎらぎらとてりつけ、道《みち》ばたには木《こ》かげひとつありません。地面《じめん》も、こげつくようにやけています。

犬《いぬ》は舌《した》をだらりとたらし、はあはあ、あえぎながら荷車《にぐるま》を引《ひ》いていました。

「ああ、暑《あつ》い暑《あつ》い。のどがからからだ。」

金物屋《かなものや》は、道《みち》ばたに居酒屋《いざかや》を見《み》かけると、とびこんでいって、ビールをがぶがぶ飲《の》みました。

けれど、つれている犬《いぬ》には、ひと口《くち》の水《みず》さえ飲《の》ませてやろうとしませんでした。

このあたりは、ベルギーのフランダースとよばれる地方《ちほう》で、すぐ近《ちか》くには、※運河《うんが》の水《みず》も流《なが》れているのでしたが……。

犬《いぬ》は、黄色《きいろ》の毛《け》なみで、耳《みみ》はオオカミの耳《みみ》のようにまっすぐに立《た》っていました。フランダース生《う》まれの犬《いぬ》がみな、そうであるように、この犬《いぬ》もじょうぶで、大《おお》きくてがっしりとした体《からだ》つきでした。

金物屋《かなものや》に飼《か》われて二年《にねん》。ろくに食《た》べもののもらえず、ぶたれ、どなられながら、毎日《まいにち》、荷車《にぐるま》を引《ひ》きつづけてきたのでした。

ところがこの日《ひ》、犬《いぬ》は道《みち》のとちゅうで、とつぜんへばってしま

※運河《うんが》…船《ふね》で物《もの》をはこんだり、畑《はたけ》に水《みず》を引《ひ》いたりするためにつくった水路《すいろ》。

いました。

ひどい暑《あつ》さ、荷車《にぐるま》の重《おも》み、むちのあとのきず、それだけではありません。

じつはきのうから、ひとかけらのパンも、ひとしずくの水《みず》も、まったく口《くち》に入《い》れていなかったのです。

犬《いぬ》の目《め》は、しだいにかすんできて、頭《あたま》の中《なか》がぼうっとしてきました。

犬《いぬ》は生《う》まれてはじめて、よろよろと、よろめくと、口《くち》からあわをふき、その場《ば》にたおれてしまいました。

「やいっ、おきろ！　祭《まつ》りの市《いち》※へいそぐんだ！」

金物屋《かなものや》は、たおれた犬《いぬ》にむかって、たてつづけにむちをふるい

※市《いち》…多《おお》くの人《ひと》があつまって、物《もの》を売《う》り買《か》いするところ。市場《いちば》。

ました。
ビシッ、ビシッ、ビシッ……。
けれど、犬《いぬ》は、死《し》んでしまったように、
まったく動《うご》きません。

「このなまけ者《もの》め！　いつまでくたばっているつもりだ。」

金物屋《かなものや》は、こん棒《ぼう》を持《も》ちだしてきて、犬《いぬ》をつづけざまになぐりつけました。

一回《いっかい》、二回《にかい》、三回《さんかい》……。

それでも犬《いぬ》は、びくともしません。

「この役《やく》たたずが……。死《し》にかけてるやつに用《よう》はないわ！」

金物屋《かなものや》は、犬《いぬ》の体《からだ》から荷車《にぐるま》の引《ひ》き具《ぐ》をはずしました。そして、ぐったりしている犬《いぬ》を道《みち》ばたの草《くさ》むらへ、どさっとけとばしました。

「ちぇっ、とんだ時間《じかん》つぶしだ。」

金物屋《かなものや》の頭《あたま》の中《なか》には、いそいで祭《まつ》りの市《いち》へ行《い》き、いい場所《ばしょ》をとって商売《しょうばい》をすること、それと、すてた犬《いぬ》にかわる犬《いぬ》を、どこかでひっとらえることしかありませんでした。

死《し》にかけている犬《いぬ》に、アリがたかろうが、カラスがむらがろうが、この男《おとこ》にとってはどうでもいいことだったのです。

金物屋《かなものや》はぷりぷりしながら荷車《にぐるま》を引《ひ》っぱり、あとも見《み》ずに行《い》ってしまいました。

その日《ひ》は、近《ちか》くの町《まち》でお祭《まつ》りがありました。

町《まち》へつづく道《みち》を、着《き》かざった人々《ひとびと》が、にぎやかにとおりすぎていきました。

ロバに乗《の》る人《ひと》、つれだって歩《ある》く人《ひと》、馬車《ばしゃ》で来《く》る人《ひと》——。だれもがうきうきとして、たのしそうでした。

その中《なか》には、草《くさ》むらでたおれている犬《いぬ》に気《き》がつく人《ひと》もありました。けれど、足《あし》をとめてまで犬《いぬ》を見《み》ようとする人《ひと》は、ひとりもいませんでした。

犬《いぬ》は、ほうりだされたままのすがたで、じっとよこたわっていました。

しばらくすると、人《ひと》ごみにまじって、ひとりのおじいさんがやってきました。

おじいさんはせなかをまげ、片方《かたほう》の足《あし》を引《ひ》きずるようにして、とぼとぼと歩《ある》いていました。

そのみすぼらしい身《み》なりは、どう見《み》ても、お祭《まつ》りへでかける人《ひと》ではなさそうでした。

「おや、犬《いぬ》だ。死《し》んでいるのかな。」

おじいさんは、草《くさ》むらの犬《いぬ》を見《み》やり、立《た》ちどまってつぶやきました。

それから、しげみにわけいると、ひざまずいて、犬《いぬ》の体《からだ》をしらべはじめました。

おじいさんの後《うし》ろには、三《みっ》つくらいの男《おとこ》の子《こ》がついていました。金色《きんいろ》のかみの毛《け》で、バラ色《いろ》

のほお、まっ黒《くろ》なひとみをした、とてもかわいらしい子《こ》どもでした。

「おじいちゃん、この犬《いぬ》、どうしたの。」

男《おとこ》の子《こ》は、身動《みうご》きひとつしない犬《いぬ》を見《み》て、ふしぎそうにききました。

「うん、ずいぶん弱《よわ》っているようだが、手《て》あてをしてやれば元《げん》気《き》になるかもしれん。」

おじいさんは、犬《いぬ》の体《からだ》をさすりながらこたえました。

男《おとこ》の子《こ》と犬《いぬ》――ネルロとパトラッシュは、こうしてはじめて出会《であ》ったのでした。

2　ちいさな小屋《こや》の中《なか》

おじいさんは、名前《なまえ》をダースといいました。もとはベルギーの兵士《へいし》で、長《なが》いこと戦争《せんそう》に行《い》っていました。片《かた》足《あし》にきずを負《お》い、ようやく村《むら》へ帰《かえ》ってきたのは、かなり年《とし》をとってからでした。

ダースじいさんが八十歳《はちじゅっさい》になったとき、よそでくらしていた、おじいさんのむすめが、二歳《にさい》の男《おとこ》の子《こ》をのこして死《し》にました。

ダースじいさんは、自分《じぶん》ひとりでもまずしいくらしなのに、よろこんで孫《まご》のネルロを引《ひ》きとりました。ネルロは、おじいさんのもとですくすくそだっていきました。

ダースじいさんは、村《むら》はずれにちいさな小屋《こや》と、わずかばかりの土地《とち》をかりて住《す》んでいました。

小屋《こや》のまわりには、牧場《まきば》と麦畑《むぎばたけ》が見《み》わたすかぎりつづいていました。そのあいだをよこぎるようにして、運河《うんが》がゆるやかに流《なが》れていました。

村《むら》の中《なか》ほどの小高《こだか》い場所《ばしょ》に、赤《あか》い風車《ふうしゃ》が、目《め》じるしのようにたっていました。そのむかいがわには、とがった塔《とう》のある、灰色《はいいろ》のちいさな教会《きょうかい》がたっていました。

村《むら》の家《いえ》の数《かず》は、あわせて二十《にじゅっ》けんばかり。その中《なか》でいちばん古《ふる》ぼけた小屋《こや》が、ダースじいさんのすまいでした。

見《み》かけはいまにもたおれそうでしたが、小屋《こや》の中《なか》は、いつもきちんときれいにかたづいていました。

小屋《こや》の外《そと》には、せまい野菜畑《やさいばたけ》がありました。そこで、ダースじいさんは、カボチャやソラマメをつくっていました。でも、ふたりがじゅうぶんに食《た》べられるほど、たくさんはとれませんでした。ほんとうに、ダースじいさんはひどいびんぼうぐらしでした。どうかすると、その日《ひ》の食《た》べものにもこまることが、たびたびありました。

それでもダースじいさんは、ネルロを心《こころ》からかわいがり、やさしくつくしました。ネルロもまた、まじめで気《き》だてのいい子《こ》でした。

ひと切《き》れのパンの皮《かわ》や、二《に》、三《さん》まいのキャベツの葉《は》だけのとぼしい食事《しょくじ》にも、ふたりは、このうえなくみちたりた思《おも》いをあじわうのでした。

まずしくはあっても、人《ひと》一倍《いちばい》やさしい心《こころ》を持《も》ったふたりでした。道《みち》ばたで死《し》にかけている犬《いぬ》を見《み》たとき、そのまま行《い》きすぎることは、とてもできなかったのです。

ダースじいさんは、ぐったりしている犬《いぬ》をかかえ、ふうふういいながら、自分《じぶん》の小屋《こや》へつれて帰《かえ》りました。

そして、小屋《こや》のかたすみに干《ほ》し草《くさ》をつみあげて、犬《いぬ》のねどこをこしらえてやりました。

ふたりは毎日《まいにち》、つきっきりで犬《いぬ》のかいほうにあたりました。

犬《いぬ》はすっかり弱《よわ》りきっていて、何週間《なんしゅうかん》も死《し》んだようになったままでした。

そのあいだ、犬《いぬ》は、ただの一度《いちど》もどなられることはなく、むちでぶたれることもありませんでした。

犬《いぬ》の耳《みみ》もとでは、あどけない子《こ》どもの声《こえ》が、しきりにささやきかけていました。また、老人《ろうじん》のてのひらが、犬《いぬ》の体《からだ》をくりかえしさすってくれていました。

ダースじいさんとネルロは、この犬《いぬ》にパトラッシェという名前《なまえ》をつけました。

しんとした夜《よる》など、ふたりは暗《くら》やみの中《なか》で、パトラッシェのかすかな息《いき》づかいに、じっと耳《みみ》をすましました。

「すうすうって、きこえるよ。おじいちゃん。」

「ああ、だいじょうぶだ。安心《あんしん》おし。」

ふたりは、パトラッシェが生《い》きているのをたしかめては、たがいにほっとするのでした。

もともとパトラッシェがたおれたのは、病気《びょうき》といっても、暑《あつ》さと、のどのかわきと、つかれからきたものでした。

小屋《こや》の中《なか》のすずしいところでゆっくり休《やす》んでいるうちに、パトラッシェは、すこしずつ、すこしずつ、よくなっていきました。

ある日《ひ》、パトラッシェは、かすれた大《おお》きな声《こえ》で、とぎれとぎれでしたがほえました。それは、この小屋《こや》へ来《き》てから、はじめてきかせるなき声《ごえ》でした。

「おじいちゃん、パトラッシェがないたよ。」

ネルロはうれしさのあまり、声《こえ》をあげてわらいました。

「ああ、きいたとも。よくなったしるしだ。」

ダースじいさんも、目《め》になみだをうかべてよろこびました。

ほどなく、パトラッシェはもとどおりのじょうぶな体《からだ》になり、たくましい足《あし》で立《た》ちあがれるようになりました。

「立《た》った！　立《た》った！　パトラッシェが、ちゃんと立《た》ったよ！」

ネルロは手《て》をたたいて、おどりあがりました。

さっそく外《そと》へとびだしてヒナギクの花《はな》をつみ、花輪《はなわ》をあんで、パトラッシェの首《くび》にかけてやりました。

「よかったね、パトラッシェ。」

ネルロはパトラッシェの首《くび》をだきよせると、ちいさな口《くち》で、やさしくキスをしてやりました。

ダースじいさんとネルロを見《み》つめるパトラッシェの目《め》には、おどろきとよろこびがあふれていました。

ここでは、毎朝《まいあさ》ど

なり声《ごえ》でおこされることもなく、むちで追《お》いまわされることもありません。

(なんて、やさしい人《ひと》たちだろう。)

パトラッシェのむねの中《なか》には、いままで知《し》らなかった、人間《にんげん》への親《した》しみが生《う》まれていました。

3 牛乳《ぎゅうにゅう》はこび

ダースじいさんは、毎日《まいにち》、ちいさな荷車《にぐるま》で、アントワープ※の町《まち》へ牛乳《ぎゅうにゅう》をはこぶ仕事《しごと》をしていました。

缶《かん》に入《はい》ったしぼりたての牛乳《ぎゅうにゅう》は、牛《うし》を飼《か》っている村人《むらびと》たちからのあずかりものでした。

村人《むらびと》たちは自分《じぶん》ではこぶかわりに、ダースじいさんに、はこび役《やく》をまかせていました。そしてそのお礼《れい》に、わずかばかりのお金《かね》をはらっていました。

それには、このまずしい老人《ろうじん》をたすける気《き》もちも、いくらかは

※アントワープ…ベルギー北部《ほくぶ》の都市《とし》。世界有数《せかいゆうすう》の港《みなと》があり、古《ふる》くからベルギーの経済《けいざい》・文化《ぶんか》の中心《ちゅうしん》としてさかえている。

ありました。でも、ほんとうのところは、自分《じぶん》たちは家《いえ》にいて、牛《うし》やニワトリや畑《はたけ》のせわをしているほうが、なにかとつごうがよかったのです。

くらしのためではありましたが、この牛乳《ぎゅうにゅう》はこびは、年《とし》よりにとってなかなかきつい仕事《しごと》でした。ダースじいさんは、もう八十《はちじゅっ》歳《さい》をこえていましたし、アントワープまでの道《みち》のりは、たっぷり五《ご》キロもあったのです。

ある朝《あさ》、すっかり元気《げんき》になったパトラッシェは、日《ひ》なたで、ながながとねそべっていました。

そして、ダースじいさんが荷車《にぐるま》を引《ひ》っぱり、仕事《しごと》にでかけていくところを、じっと見《み》おくっていましたが——。

つぎの日《ひ》の朝《あさ》でした。

ダースじいさんが、いつものように荷車《にぐるま》に手《て》をかけようとした、そのときのこと。

ふいに、パトラッシェがかけよってきて、※かじ棒《ぼう》のあいだへすばやく入《はい》りこみました。

それは、まるで、

（わたしに荷車《にぐるま》を引《ひ》か

※かじ棒《ぼう》…荷車《にぐるま》などの前《まえ》についている、引《ひ》っぱるための長《なが》い棒《ぼう》。

せてください。親切《しんせつ》にしていただいたご恩《おん》がえしに、わたしもはたらきたいのです！）

そううったえているような、はっきりとした身《み》ぶりでした。

「いいんだよ、パトラッシェ。おまえの気《き》もちはうれしいがね。犬《いぬ》に荷車《にぐるま》を引《ひ》かせるわけにはいかないんだよ。」

ダースじいさんは、あわてて引《ひ》きとめました。

まじめでしょうじきなこの老人《ろうじん》は、犬《いぬ》に荷車《にぐるま》を引《ひ》かせるなんて、人間《にんげん》として、はずかしいおこないだと、つねづね思《おも》っていたのです。

けれど、パトラッシェはどうしてもききいれません。それどころか、自分《じぶん》に引《ひ》き具《ぐ》をつけてくれないのを見《み》ると、歯《は》で、かじ棒《ぼう》をかんで、荷車《にぐるま》を引《ひ》こうとしました。

　これにはダースじいさんも、とうとう負《ま》けてしまいました。

「そうかい、それほどまでになあ……。」

　ダースじいさんは、この犬《いぬ》がたすけられた恩《おん》をわすれないでいることに、すっかり心《こころ》をうたれました。

　そこで、ダースじいさんは、パトラッシェが引《ひ》きやすいように、荷車《にぐるま》をつくりなおしてやりました。

　それからというもの、毎朝《まいあさ》の牛乳《ぎゅうにゅう》はこびは、パトラッシェの仕《し》事《ごと》になりました。

　ダースじいさんとネルロは、荷車《にぐるま》のわきをいっしょについて歩《ある》きました。

そのうちに、冬《ふゆ》が来《き》ました。

ダースじいさんの体《からだ》は、年《とし》とともにめっきり弱《よわ》ってきていました。

もしパトラッシェがいなかったら、雪《ゆき》の上《うえ》やぬかるみの中《なか》を、ひとりで荷車《にぐるま》を引《ひ》かなければなりません。年《とし》よりにとって、それがどんなにつらいことか。

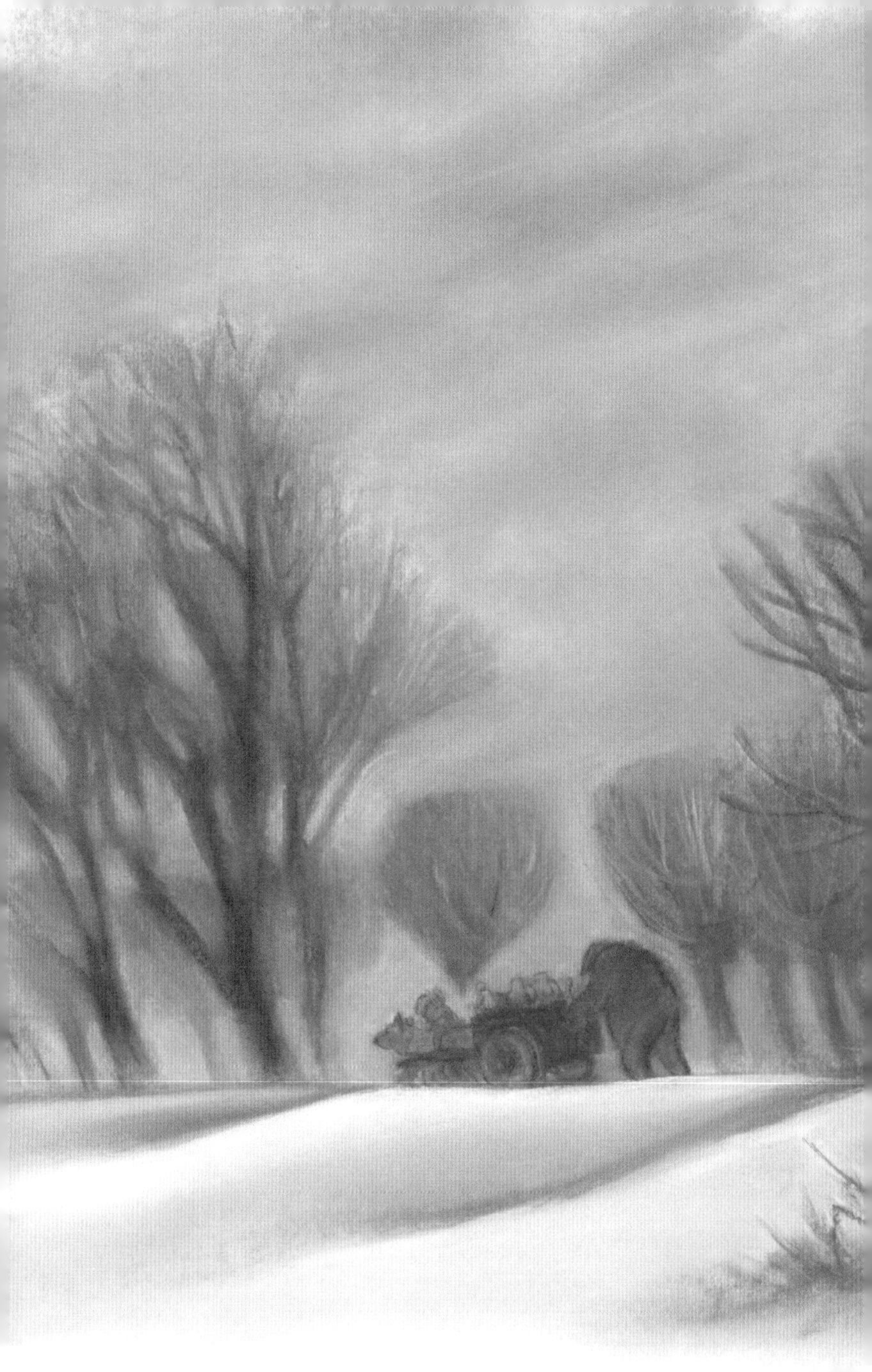

（パトラッシェがいてくれて、ほんとうによかった。）

寒《さむ》さがきびしくなるにつけ、ダースじいさんは、パトラッシェにめぐりあえたことを、つくづくありがたく思《おも》うのでした。

パトラッシェもまた、しあわせでした。

パトラッシェには、いまのくらしが、まるで天国《てんごく》にいるように思《おも》われました。

金物屋《かなものや》に飼《か》われていたころは、一日《いちにち》じゅう重《おも》い荷物《にもつ》を引《ひ》かされ、ひと足《あし》ごとにむちでぶたれていたのです。

それにくらべると、ちいさな荷車《にぐるま》で牛乳缶《ぎゅうにゅうかん》をはこぶくらい、遊《あそ》びごとのような気《き》らくな仕事《しごと》といえました。

アントワープへの行《い》き帰《かえ》り、ダースじいさんは荷車《にぐるま》について歩《ある》

きながら、

「ありがとうよ、パトラッシェ。おまえのおかげで大《おお》だすかりだ。」

くりかえし、ねぎらいのことばをかけました。

おさないネルロも、小走《こばし》りについてきて、

「パトラッシェ、パトラッシェ。」

と、かわいい声《こえ》でよびかけては、パトラッシェの頭《あたま》をいとおしそうになでるのでした。

牛乳《ぎゅうにゅう》はこびの仕事《しごと》は、いつも午後《ごご》の三時《さんじ》ごろにはおわりました。

そのあとはなにをしようと、パトラッシェの思《おも》いのままでした。

日《ひ》なたでねむろうと、のびをしようと、野原《のはら》をぶらつこうと、
ネルロとふざけまわろうと、よその犬《いぬ》たちと遊《あそ》ぼうと――。パト

ラッシェは、すきなことをして気《き》ままにすごすことができました。

もうひとつ、パトラッシェにとって、幸運《こううん》ともいえるできごとがありました。それは、前《まえ》の飼《か》い主《ぬし》の金物《かなもの》屋《や》が、よっぱらったあげくにけんかをして、ころされてしまったことでした。

これでもうパトラッシェは、あのおそろしい男《おとこ》に二度《にど》と会《あ》う心配《しんぱい》もなくなりました。

4　きょうだいのように

それから三年《さんねん》がたちました。

ネルロは六《むっ》つになっていました。

パトラッシュとはいつもいっしょで、なかのいいきょうだいのようでした。

そのころダースじいさんは、リューマチ※にかかり、体《からだ》を自由《じゆう》に動《うご》かせなくなりました。もともと、片足《かたあし》をいためていましたから、荷車《にぐるま》につきそって町《まち》へでかけることは、とてもむりになりました。

ネルロは、自分《じぶん》がダースじいさんのかわりをすることに決《き》めま

※リューマチ…原因《げんいん》ははっきりしないが、体《からだ》のいろいろな関節《かんせつ》や筋肉《きんにく》や骨《ほね》などが、痛《いた》んだりはれたりする病気《びょうき》。

した。

「だいじょうぶだよ、おじいちゃん。アントワープへはなんべんもついていってるから、ちゃんとわかってるよ。それにパトラッシェがいっしょだもの。」

ネルロはパトラッシェの首《くび》をだき、きっぱりといいました。

つぎの日《ひ》から、ネルロとパトラッシェの牛乳《ぎゅうにゅう》はこびがはじまりました。

ネルロは毎日《まいにち》、荷車《にぐるま》について町《まち》へ行《い》き、あずかった牛乳《ぎゅうにゅう》を売《う》りました。そして、そのお金《かね》をうけとると、村《むら》へ帰《かえ》って、それぞれの人《ひと》にとどけてまわりました。

ネルロのいっしょうけんめいな仕事《しごと》ぶりに、見《み》る人《ひと》はみな、おどろいたり、感心《かんしん》したりしました。

牛乳缶《ぎゅうにゅうかん》をつんだ、緑色《みどりいろ》の荷車《にぐるま》。

引《ひ》き具《ぐ》についたすずを、チリンチリンとひびかせていく大《おお》きな犬《いぬ》。

そのわきを、ちいさな白《しろ》い足《あし》に木《き》ぐつをはいて、ちょこちょこかけていく男《おとこ》の子《こ》。

ネルロの金色《きんいろ》のかみの毛《け》は、首《くび》のあたりまでふさふさとたれ、ほおはバラ色《いろ》にかがやいていました。

「まるで、※ルーベンスの絵《え》を見《み》るような、かわいらしい子《こ》だねえ。」

「まだ年《とし》もいかないのに、なんてけなげな子《こ》どもだろう。」

町《まち》の人《ひと》も村《むら》の人《ひと》も、ネルロたちを見《み》かけると、口々《くちぐち》にほめそや

※ルーベンス（1577〜1640年《ねん》）…アントワープが誇《ほこ》る偉大《いだい》な画家《がか》。宗《しゅう》教画《きょうが》や肖像画《しょうぞうが》は、多《おお》くの芸術家《げいじゅつか》に影響《えいきょう》をあたえた。

すのでした。

　こうして、ネルロとパトラッシェは、毎日《まいにち》の仕事《しごと》を、きちんとたのしくこなしました。

　おかげで、ダースじいさんは、夏《なつ》が来《き》て、体《からだ》のぐあいがよくなってからも、家《いえ》の中《なか》でのんびりすごせるようになりました。

　毎朝《まいあさ》、ダースじいさんは小屋《こや》の戸口《とぐち》にこしをおろして、ネルロたちがでかけていくのを見《み》おくりました。

　そのあとは、いねむりをしたり、ゆめを見《み》たり、おいのりをしたり……。

やがて、時計《とけい》が三時《さんじ》を知《し》らせると、ダースじいさんは、はっと目《め》をさまし、ネルロたちの帰《かえ》りを、いまかいまかと待《ま》つのでした。

そこへ、

「ただいまー！」

はずんだ声《こえ》とともに、ネルロがかけよってきました。つづいてパトラッシェも、うれしそうにひとほえすると、自分《じぶん》で引《ひ》き具《ぐ》をふりはずすのでした。

ネルロはダースじいさんに、その日《ひ》のさまざまなできごとを、いかにも得意《とくい》そうな口《くち》ぶりで話《はな》してきかせました。

それから、三人《さんにん》はそろって小屋《こや》に入《はい》り、ライ麦《むぎ》と牛乳《ぎゅうにゅう》とスープだけの晩《ばん》ごはんを食《た》べました。

そして、広《ひろ》い野原《のはら》に、ものの影《かげ》がのび、遠《とお》くの大聖堂《だいせいどう》の尖塔《せんとう》が夕《ゆう》やみにつつまれていくさまを、しずかにながめやりました。

しばらくすると、みんなはねどこにつき、ダースじいさんにおいのりをしてもらって、やすらかにねむるのでした。

このようにして、さらに何年《なんねん》かの月日《つきひ》がたちました。

ネルロとパトラッシェは、毎日《まいにち》を、元気《げんき》にたのしくすごしていました。

わけても春《はる》と夏《なつ》は、ふたりにとってよろこばしい季節《きせつ》でした。

どこまでもつづく緑《みどり》の牧場《まきば》。そして、いちめんの麦畑《むぎばたけ》。木《き》にはあざやかな若葉《わかば》がしげり、水辺《みずべ》には色《いろ》とりどりの花《はな》がさきました。

ネルロとパトラッシェは一日《いちにち》の仕事《しごと》をすませると、よく運河《うんが》の岸《きし》へやってきました。ふたりは草《くさ》のしげみにねころんで、目《め》の前《まえ》を行《い》き来《き》する船《ふね》をながめました。

大《おお》きな船《ふね》が、日《ひ》の光《ひかり》にかがやきながら、すべるようにゆったりとすすんでいきます。とおりすぎたそのあとには、夏《なつ》の花《はな》のかおりにまじって、さわやかな潮《しお》のにおいがただよいました。

「ああ、いい気《き》もち。一年《いちねん》じゅう、いつもこんな季節《きせつ》だといいのになあ。」

パトラッシェをだきよせて、ネルロがつぶやきました。

まったく、夏《なつ》のすばらしさにひきかえ、フランダースの冬《ふゆ》は、つらくきびしいものでした。

こごえるような寒《さむ》い朝《あさ》でも、ネルロたちは、まだ暗《くら》いうちにおきなければなりませんでした。体《からだ》をあたためてくれる食《た》べものも、いつもわずかしかありませんでした。

小屋《こや》は、あたたかい季節《きせつ》には、大《おお》きなブドウのつるにおおわれました。このブドウに実《み》はなりませんでしたが、春《はる》から秋《あき》にかけて、ゆたかな緑《みどり》で小屋《こや》をかざってくれました。

ところが、冬《ふゆ》になると、ブドウのつるは黒《くろ》くかれてしまい、葉《は》も一《いち》まいのこらず落《お》ちてしまいました。小屋《こや》のかべにあいた、いくつものあなからは、つめたい北風《きたかぜ》が、たえずふきこみました。

雪《ゆき》がふると、ネルロの手足《てあし》はかじかんでしまい、こおった地面《じめん》で、パトラッシェの足《あし》はきずだらけになりました。

けれど、どれほど寒《さむ》さがひどくても、ふたりはがんばりとおしました。かちかちにこおった野原《のはら》の上《うえ》を引《ひ》き具《ぐ》のすずの音《ね》にあわせて、いきおいよくかけぬけていきました。

ときには、アントワープの町《まち》で、

「さあ、これで、あたたまっていくがいいよ。」

一《いっ》ぱいのスープとひとつかみのパンを、めぐんでくれるおかみさんもいました。

帰《かえ》りがけの荷車《にぐるま》の中《なか》に、たきぎのたばをなげこんでくれる男《おとこ》の人《ひと》もありました。

また、村人《むらびと》の中《なか》にも、町《まち》へはこぶ牛乳《ぎゅうにゅう》をすこしばかりとりわけて、

「持《も》って帰《かえ》って、ダースじいさんと、おあがり。」

そう声《こえ》をかけてくれる人《ひと》もありました。

ネルロとパトラッシュは夕《ゆう》ぐれの雪道《ゆきみち》をつっ走《ぱし》り、たのしそう

に大声《おおごえ》をあげながら、ダースじいさんの待《ま》つ小屋《こや》へかけこむのでした。

パトラッシェは、道《みち》のとちゅうで、たびたびよその犬《いぬ》たちに会《あ》いました。どの犬《いぬ》も、むかしのパトラッシェのように、朝《あさ》から晩《ばん》までこきつかわれ、けられたり、ぶたれたりしていました。

そのたびにパトラッシェは、自分《じぶん》ほどしあわせな者《もの》はいないと、ありがたく思《おも》うのでした。

じつは、パトラッシェにも、夜中《よなか》におなかがすいて、なかなかねつけないことがありました。また、町《まち》では、とがった敷石《しきいし》の上《うえ》を歩《ある》くので、足《あし》のきずが夜《よる》になってうずくこともありました。

それでもパトラッシェは、いまの身《み》の上《うえ》に心《こころ》から満足《まんぞく》していました。毎日《まいにち》の役目《やくめ》をきちんとはたしていました。

だいすきなネルロがやさしくわらいかけ、自分《じぶん》を見《み》つめていてくれる――。パトラッシェには、それがなによりのよろこびなのでした。

5 大聖堂《だいせいどう》のとびらのおく

このところ、パトラッシェには、気《き》がかりなことがひとつありました。それはつぎのようなことでした。

ネルロとパトラッシェが毎日《まいにち》かようアントワープは、古《ふる》くからさかえた大《おお》きな港町《みなとまち》でした。

そこには、大画家《だいがか》ルーベンスのお墓《はか》があるサン・ジャック教会《きょうかい》をはじめ、むかしながらの石《いし》づくりの教会《きょうかい》が、大小《だいしょう》いくつもたっていました。

その中《なか》でも、ひときわおごそかにそびえたつ大聖堂《だいせいどう》へ、しばら

く前《まえ》からネルロがしげしげと立《た》ちよるようになっていたのです。

暗《くら》いアーチ形《がた》の門《もん》から、いったんおくへ入《はい》ってしまうと、ネルロは、長《なが》いこともどってきませんでした。

そのあいだ、外《そと》の石《いし》だたみの上《うえ》で待《ま》たされるパトラッシェは、たいくつなばかりでなく、不安《ふあん》でたまりませんでした。

（いったい、あのおくには、なにがあるんだろう。）

パトラッシェは自分《じぶん》もついていきたくて、二度《にど》ほどネルロのあとを追《お》いました。でも、そのたびに門番《もんばん》が出《で》てきて、追《お》いかえされてしまいました。

人々《ひとびと》が教会《きょうかい》へ行《い》くものだということは、パトラッシェにもわかっていました。村人《むらびと》たちだって、風車《ふうしゃ》のむかいがわにある灰色《はいいろ》の小《ちい》さな教会《きょうかい》へ、しばしば出入《でい》りしていました。

パトラッシェが心配《しんぱい》したのは、ネルロが大聖堂《だいせいどう》へ行《い》くことではありませんでした。中《なか》から出《で》てきたときのネルロの顔《かお》の色《いろ》が、いつもとちがってひどく青《あお》ざめているか、ひどく赤《あか》いほおをしている、ということでした。

しかも、大聖堂《だいせいどう》へ行《い》った日《ひ》は、家《いえ》へ帰《かえ》ってからもパトラッシェと遊《あそ》ぼうとはしませんでした。だまってすわったまま、しずみこんだ悲《かな》しそうな顔《かお》つきで、遠《とお》い夕空《ゆうぞら》を見《み》つめているのでした。

(どうしたというんだろう。)

パトラッシェは、ふしぎでなりませんでした。

大聖堂《だいせいどう》の近《ちか》くへ来《く》ると、パトラッシェはわざとまとわりついて、ネルロを引《ひ》きとめようとしました。それでもネルロはパトラッシェをふりきるようにして、大聖堂《だいせいどう》へと入《はい》っていくのでした。

やがて、とびらのしまる時刻《じこく》になると、ネルロはようやく中《なか》から出《で》てきました。そして、待《ま》ちかねていたパトラッシェのひたいにキスをしたあと、きまってこうつぶやくのでした。

「ああ、あれが見《み》られたらなあ。あれが見《み》られさえしたら……。」

あれとは、なんのことなのか、もちろんパトラッシェにはわかりません。思《おも》いやりをこめた大《おお》きな目《め》で、ネルロを見《み》あげるばかりでした。

ある日《ひ》も、ネルロはひとりで大聖堂《だいせいどう》へ入《はい》っていきました。

あたりには、いつもの門番《もんばん》のすがたはなく、とびらもすこしあいたままでした。

（いまだ！）

パトラッシェはネルロを追《お》って、すばやく中《なか》に入《はい》りました。大聖堂《だいせいどう》のおくまですすんでいくと、聖歌隊席《せいかたいせき》の両《りょう》がわに、おおいのかかった二《に》まいの大《おお》きな絵《え》がありました。ネルロは、その下《した》にひざまずいて泣《な》いていたのでした。

ネルロは、パトラッシェに気《き》がつくと、外《そと》へつれだして、ため息《いき》まじりにいいました。

「あれが見《み》られないなんて！　あのルーベンスの絵《え》は、お金《かね》をはらわないと、見《み》せてもらえないんだよ。」

それでやっと、パトラッシェにもわかりました。ネルロが、あれ、といっていたのは、おおいをかけられた二《に》まいの絵《え》のことだったのです。

二《に》まいとも、ルーベンスがかいた大作《たいさく》でした。一《いち》まいのほうは『十字架《じゅうじか》をたてる』、もう一《いち》まいのほうは『十字架《じゅうじか》からおろす』という作品《さくひん》で、どちらもイエス・キリストをかいたものでした。

この大聖堂《だいせいどう》では、お金《かね》をはらう人《ひと》にだけ、おおいをはずして二《に》まいの絵《え》を見《み》せていたのです。

「お金《かね》を出《だ》さなきゃ見《み》せないなんて！　ルーベンスがあの絵《え》をかいたときは、みんなに見《み》てほしいと思《おも》っただろうに。あれが見《み》られさえしたら、ぼくは死《し》んでもいいよ。」

ネルロは、さもくやしそうにいいました。

ネルロがかせぐお金《かね》は、すこしばかりの食《た》べものとたきぎを買《か》うと、なくなってしまいました。それだけでもたりないくらいなのに、絵《え》を見《み》るお金《かね》など、のこるはずがありませんでした。

それにしても、なぜネルロは、こんなにもルーベンスの絵《え》を見《み》たがったのでしょうか。

ネルロは、絵《え》のすきな子《こ》どもでした。見《み》ることもですが、自分《じぶん》でかくことが、だいすきでした。

じつは、ネルロには、だれに教《おし》えられたものでもない、生《う》まれついてのすばらしい絵《え》の才能《さいのう》があったのです。読《よ》み書《か》きさえも知《し》らないネルロでしたが、絵《え》をかく力《ちから》は、人《ひと》なみはずれてすぐれていたのです。

ただ、そのことは、本人《ほんにん》のネルロはもとより、まわりのだれも気《き》づいていませんでした。知《し》っているのは、いつもネルロのそばにいるパトラッシェだけでした。

パトラッシェは、ネルロが石《いし》の上《うえ》に、花《はな》や、鳥《とり》や、草《くさ》や、牛《うし》をかくのをよく見《み》ていました。

また、夜《よ》ごと、干《ほ》し草《くさ》のねどこの上《うえ》で、ルーベンスにおいのりをささげているのをきいていました。

美《うつく》しい夕《ゆう》やけや、夜明《よあ》けのバラ色《いろ》の空《そら》をあおぐとき、ネルロの黒《くろ》いひとみが、いきいきとかがやくのを知《し》っていました。

「ルーベンスっていう人《ひと》は、※アントワープで生《う》まれた絵《え》かきでね。すばらしい絵《え》をいくつもかきのこしているんだよ。もうとっくに

※ルーベンス一家《いっか》はアントワープ出身《しゅっしん》ですが、ルーベンスは生《う》まれてから10歳《さい》ごろまでドイツで育《そだ》ったといわれています。

死《し》んでしまったけれど、ルーベンスの名《な》は世界《せかい》じゅうに知《し》れわたっているんだ。」

ネルロは、パトラッシェにつねづねそう話《はな》していました。

そんなこととは知《し》らないダースじいさんは、

「ネルロや、いまにおまえが一人前《いちにんまえ》になったら、この土地《とち》と小屋《こや》を、ぜひ、おまえのものにしておくれ。」

ねどこの中《なか》から、くりかえしいいました。

このあたりのまずしい男《おとこ》たちにとって、わずかでも自分《じぶん》の土地《とち》を持《も》つことは、人生《じんせい》の目標《もくひょう》であり、ゆめでもあったのです。

でも、ネルロは、だまったまま、やさしくほほえみかえすだけでした。

ねたきりの、この老人《ろうじん》が、ネルロの心《こころ》のうちを知《し》ったら、どんなにおどろき、がっかりすることか。ネルロには、それがよくわかっていたのです。

ネルロは、パトラッシェとふたりきりのとき、その耳《みみ》もとで、自分《じぶん》のゆめをささやくのでした。

「ぼくはね、パトラッシェ。ほんとうは、絵《え》かきになりたいんだ。りっぱな、ルーベンスのような……。」

6 もうひとりの友《とも》だち

ネルロには、パトラッシェのほかに、もうひとり、気《き》のあう友《とも》だちがいました。

それは、丘《おか》の上《うえ》の風車《ふうしゃ》の家《いえ》に住《す》む、アロアという女《おんな》の子《こ》でした。

アロアは、やさしく、かわいらしい少女《しょうじょ》で、ネルロやパトラッシェとよく遊《あそ》びました。

三人《さんにん》は、野原《のはら》を歩《ある》いたり、雪《ゆき》の中《なか》をかけたり、花《はな》をつんだりしました。村《むら》の教会《きょうかい》へつれだって行《い》くこともあれば、風車《ふうしゃ》の家《いえ》の大《おお》きなだんろのそばに、ならんですわることもたびたびでした。

アロアのお父《とう》さんは村《むら》いちばんの金持《かねも》ちの粉《こな》ひき屋《や》で、村人《むらびと》からは「コゼツだんな」とよばれていました。けっしてわるい人《ひと》ではありませんが、人一倍《ひといちばい》がんこなところがありました。

ある日《ひ》、コゼツだんなは、風車《ふうしゃ》のうらての牧場《まきば》で、アロアとネルロのすがたを見《み》かけました。

アロアは干《ほ》し草《くさ》の上《うえ》にすわり、ひざにパトラッシェの頭《あたま》をのせていました。どちらも首《くび》に、ケシとヤグルマギクの花輪《はなわ》をかけていました。

そのすがたを、ネルロが板《いた》の上《うえ》に、木炭《もくたん》で写生《しゃせい》しているところでした。

コゼツだんなの顔《かお》つきは、たちまち、ふきげんになりました。

だいじなひとりむすめが、びんぼうなネルロと遊《あそ》ぶのが気《き》に入《い》らないのでした。

コゼツだんなは立《た》ちどまって、ネルロのかいた絵《え》をのぞきこみました。と、その目《め》から、みるみるなみだがにじみ出《で》ました。それほどに、絵《え》はアロアそっくりに、よくかけていたのです。

ところが、コゼツだんなの口《くち》からとびだしたのは、アロアをしかりつける、あらあらしいことばでした。

「アロア！　こんなところでなにをしているんだ。お母《かあ》さんがよんでいるのがわからんのか！」

そして、アロアが泣《な》きだすと、すぐさま家《いえ》へ追《お》いやりました。

それからネルロのほうへむきなおり、その手《て》から、絵《え》の板《いた》をひっ

たくるようにとりあげました。

「絵《え》なんぞ、かきおって！　おまえは、こんなくだらんことをしているのか。」

コゼツだんなはネルロをにらみつけ、声《こえ》をふるわせていいました。

「ぼく、見《み》るものはなんでも、絵《え》にかきたいんです。」

ネルロは顔《かお》を赤《あか》らめ、うつむきながらこたえました。

コゼツだんなは、ちょっとだまっていたあとで、銀貨《ぎんか》を一《いち》まいとりだしました。

「絵《え》をかくなんて、ばかげたことだと思《おも》わんかね。しかしまあ、この絵《え》はアロアによく似《に》ている。あの子《こ》の母親《ははおや》がよろこぶだろうから、この金《かね》でわしに売《う》ってくれ。」

とたんにネルロの顔色《かおいろ》が、さっと青《あお》ざめました。ネルロは頭《あたま》をあげ、両手《りょうて》を後《うし》ろに引《ひ》くと、きっとなっていいました。

「絵《え》はさしあげます。でも、お金《かね》はいただきません。いつもおせわになっていますから。」

そして、パトラッシェをよぶと、いそぎ足《あし》で立《た》ち去《さ》っていきました。

「あの銀貨《ぎんか》があれば、大聖堂《だいせいどう》の絵《え》が見《み》られたんだけどなあ。でも、アロアをかいた絵《え》をお金《かね》で売《う》るなんて、ぼくにはできないよ。」

歩《ある》きながら、ネルロはパトラッシェにいいました。

コゼッツだんなのほうは、家《いえ》に帰《かえ》るとすぐ、おくさんにいいました。

「うちのアロアに、ネルロを近《ちか》づけるな。あの子《こ》はもう十五《じゅうご》だし、アロアは十二《じゅうに》になる。ことにネルロは、顔《かお》もすがたもきれいだからな。」

「それに気《き》だてもいいし、まじめだし。」

おくさんは、ネルロがかいた絵《え》に、うっとり見《み》とれながらいいました。

「そうかもしれん。

しかし、ネルロは、こじきとかわらん、びんぼう人《にん》だ。そのくせ、絵《え》かき気《き》どりでいるなんて、とんでもないやつだ。これからは、ふたりを会《あ》わせないように気《き》をつけろ！」

コゼツだんなはテーブルをたたきながら、はげしい調子《ちょうし》でいいました。おくさんはふるえあがり、

「いいつけどおりにします。」

とこたえました。

こうしてアロアは、だいすきな友《とも》だちから遠《とお》ざけられてしまいました。

ネルロのほうも、コゼツだんなのやりかたに深《ふか》く気《き》もちをきずつけられました。

ネルロには、なにがコゼツだんなの気《き》にさわったのか、はっきりとはわかりませんでした。もしかすると、アロアを写生《しゃせい》したことがいけなかったのかと、考《かんが》えるのでした。

ネルロは、これまでたびたびおとずれていた風車《ふうしゃ》の家《いえ》に、自分《じぶん》自身《じしん》も行《い》かなければ、パトラッシェにも行《い》かせないようにしました。

ときには、アロアが、外《そと》にいるネルロを見《み》かけて、近《ちか》よってくることがありました。

すると、ネルロはさびしそうにほほえみながら、やさしくいいきかせるのでした。

「だめだよ、アロア。きみのお父《とう》さんをおこらせてはいけないよ。お父《とう》さんは、ぼくがきみをなまけ者《もの》にすると思《おも》っているんだ。ぼくたち、お父《とう》さんをおこらせないようにしないと……。」

そうはいうものの、ネルロの心《こころ》は悲《かな》しみではりさけそうでした。

いままで、町《まち》への行《い》き帰《かえ》りには、風車《ふうしゃ》の家《いえ》の前《まえ》で立《た》ちどまり、アロアとたのしいあいさつをかわしたものでした。アロアは、ちいさな手《て》にパン切《き》れやほねを持《も》ち、パトラッシェにさしだしてくれました。

いまでもパトラッシェは、とざされたとびらの前《まえ》に来《く》ると、なつかしそうに見《み》あげるのでした。でも、ネルロは立《た》ちどまろうともしないで、さっさととおりすぎていきました。

家《いえ》の中《なか》では、アロアがストーブのそばのいすにすわり、ひざのあみものの上《うえ》に、ぽろぽろとなみだをこぼしていました。

この家《いえ》の台所《だいどころ》のだんろ棚《だな》には、ネルロのかいた絵《え》が、いまもかざってありました。

「ぼくのおくりものはだいじにされているのに、このぼくは、なぜ……。」

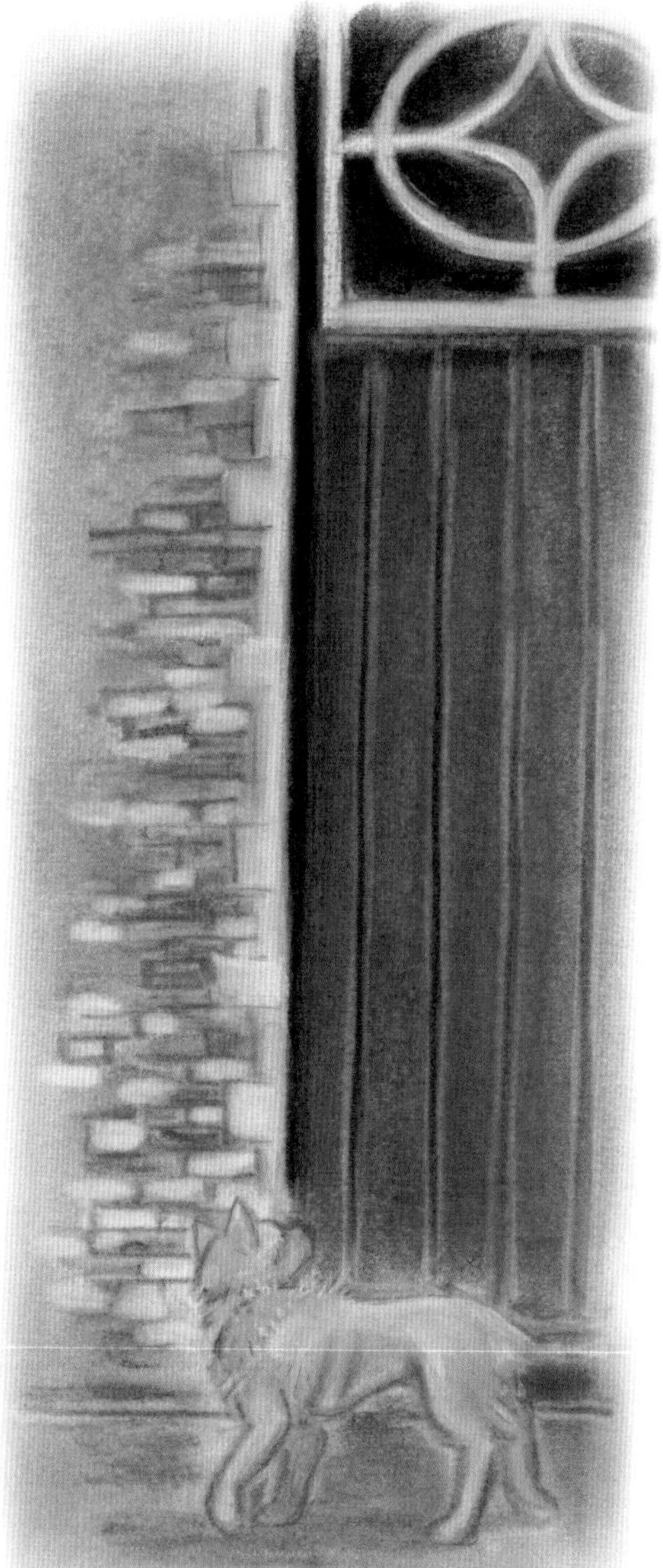

その理由《りゆう》もよくわからないまま、ネルロは、つらくさびしい思《おも》いでいました。

7 絵《え》かきになるゆめ

ある日《ひ》、ネルロが、運河《うんが》のほとりの麦畑《むぎばたけ》を歩《ある》いていると、アロアが見《み》つけてかけよってきました。そして、ネルロにすがりつき、しくしく泣《な》きだしました。

「どうしたの、アロア。」

ネルロがたずねると、

「明日《あす》はわたしの誕生日《たんじょうび》なのに、お父《とう》さんは、晩餐会《ばんさんかい》にあなたをよんではいけないっていうの。いままでずっとよんでいたのに。」

アロアは、なみだながらにうったえました。

風車《ふうしゃ》の家《いえ》では毎年《まいとし》、アロアの誕生日《たんじょうび》の夜《よる》に、村《むら》の子《こ》どもたちをまねいて、ごちそうをしてくれることになっていました。今年《ことし》は、よんでもらえないときいて、ネルロも悲《かな》しくなりましたが、アロアの手《て》をとり、やさしくいいました。

「いいんだよ、アロア。いまにこんなではなくなるよ。ぼくは、いつかりっぱな絵《え》かきになってみせる。そのときはきみのお父《とう》さんも、ぼくに、来《く》るなとはいわないだろう。」

そういうネルロの目《め》は、アロアの顔《かお》からはなれて、はるか遠《とお》くをながめていました。

そこには、赤《あか》くかがやくフランダースの夕空《ゆうぞら》の下《した》に、大聖堂《だいせいどう》の尖塔《せんとう》が高々《たかだか》とそびえていました。

「いつかって、それは、いつなの。」

アロアが、ネルロを見《み》あげてききました。

ネルロの顔《かお》には、いかにもやさしい、それでいて、悲《かな》しげなほほえみがたたえられていました。

「ぼくは、きっとえらくなるよ。えらくなるか、それとも死《し》ぬか、そのどちらかだよ、アロア。」

ネルロは小声《こごえ》でいうと、麦畑《むぎばたけ》の中《なか》を、足早《あしばや》にはなれていきました。

その目《め》には、美《うつく》しい未来《みらい》の、ある日《ひ》のことが、ゆめのようにうかんでいるのでした。

……いつの日《ひ》か、ぼくはりっぱな絵《え》かきになって、この村《むら》へ帰《かえ》ってくる。そして、アロアに結婚《けっこん》を申《もう》しこむ。コゼツだんなは、反対《はんたい》するどころか、よろこんでぼくをむかえいれるだろう。

村《むら》の人《ひと》たちも、ぼくを見《み》ようとあつまってきて、口々《くちぐち》に、こういうだろう。

「ごらん、あれがネルロだよ。いまじゃ、えらい絵《え》かきになって、世界《せかい》じゅうに名《な》を知《し》られているがね。もとはといえば、この村《むら》でいちばんびんぼうで、犬《いぬ》のおかげで、やっとくらしていた、あのネルロなんだ。」

それから、おじいさんには、毛皮《けがわ》とりっぱな服《ふく》を着《き》せてあげて、そのすがたを絵《え》にかこう。

パトラッシュには、金色《きんいろ》の首輪《くびわ》をつけてやり、ぼくのそばにすわらせて、人々《ひとびと》に、こう話《はな》そう。

「この犬《いぬ》こそ、ぼくのただひとりのだいじな友《とも》だちでした。」

それから、白《しろ》い大理石《だいりせき》の宮殿《きゅうでん》をたてよう。でも、そこには、ぼくが住《す》むんじゃなくて、まずしいけれど、なにかりっぱなことをやりたがっている若者《わかもの》たちのすまいにするんだ。ちょうど、いまのぼくのような若者《わかもの》たちの……。

ネルロのゆめは、つぎからつぎへと、はてしなくひろがっていきました。とてもかないそうにないゆめでしたが、ネルロは、ひとときのあいだ、しあわせな思《おも》いにひたっていました。

アロアの誕生日《たんじょうび》の夜《よる》、ネルロとパトラッシェは、うす暗《ぐら》い小屋《こや》の中《なか》で、黒《くろ》パンだけの晩《ばん》ごはんを食《た》べていました。

風車《ふうしゃ》の家《いえ》では、村《むら》じゅうの子《こ》どもたちがあつまって、うたったり、おどったり、ごちそうを食《た》べたりしていました。

そのたのしそうなざわめきは、風《かぜ》にのってネルロのところまで流《なが》れてきました。

「気《き》にするんじゃないよ、パトラッシェ。そのうち、なにもかもかわるから。」

ネルロはパトラッシェにささやきました。そのとき、

「ネルロや、今日《きょう》はアロアの誕生日《たんじょうび》じゃなかったかい？」

へやのすみのねどこから、ダースじいさんが声《こえ》をかけました。

ネルロはだまってうなずきました。そして、ダースじいさんのものおぼえのよさにおどろき、わすれていてくれたほうがよかったのに、と思《おも》いました。

「それなら、なぜ行《い》かない。おまえは、いつもよばれていたじゃないか。」

「だって、おじいさんをほうっては行《い》けないもの。」

「そんな心配《しんぱい》はいらないよ。それよりネルロ、なにかあったのかね。まさか、アロアとけんかをしたんじゃあるまいな。」

「けんかなんか、しやしないよ。ただ、コゼツだんなが今年《ことし》はぼくをよんでくれなかったんだよ。」

ネルロはかくしておけなくて、ほんとうのことを話《はな》しました。

「おまえ、だんなの気《き》にさわるようなことでもしたのかね。」

「なにもしてないよ。ぼくは、板《いた》にアロアを写生《しゃせい》しただけだよ。」

「そうか。」

ダースじいさんはだまりました。ねたきりになってはいても、世《よ》の中《なか》のことをわすれてしまったわけではなかったのです。ダースじいさんは、ネルロの頭《あたま》をむねに引《ひ》きよせ、声《こえ》をふるわせていいました。

「金持《かねも》ちは、びんぼう人《にん》とつきあいたがらないものだ……。つらかろうなあ、ネルロ。」

「そんなこと、ぼくは平気《へいき》だよ。」

ネルロは、小声《こごえ》で、でも、きっぱりとこたえました。お金《かね》はなくても、自分《じぶん》には絵《え》というものがあると、ネルロは本気《ほんき》で思《おも》っていました。

ネルロは戸口《とぐち》に立《た》って、あたりをながめました。さえた秋《あき》の夜《よ》

空《ぞら》には星《ほし》がきらめき、ポプラの並木《なみき》には風《かぜ》がそよいでいました。風車《ふうしゃ》の家《いえ》には、まどごとに灯《ひ》がともり、フルートの音《ね》がときどききこえてきました。

ネルロのほおに、なみだがつたわり落《お》ちました。でも、ネルロは、ほほえみながら、「いまに！」と、つぶやいたのでした。

8 コンクールの絵《え》

ネルロには、ひとつのひみつがありました。それは、パトラッシェのほかにはだれも知《し》らないひみつでした。

ネルロは、小屋《こや》のわきの納屋《なや》の中《なか》で、コンクールに出《だ》す絵《え》を、こっそりかいていたのです。

その年《とし》の十二月《じゅうにがつ》に、アントワープの町《まち》で、絵《え》のコンクールがひらかれることになりました。コンクールには、十八歳《じゅうはっさい》までの者《もの》ならだれでも、自作《じさく》の絵《え》を出《だ》すことができました。一流《いちりゅう》の画家《がか》三人《さんにん》が審査《しんさ》にあたり、入選《にゅうせん》すると、たくさんの賞金《しょうきん》がおくられるとい

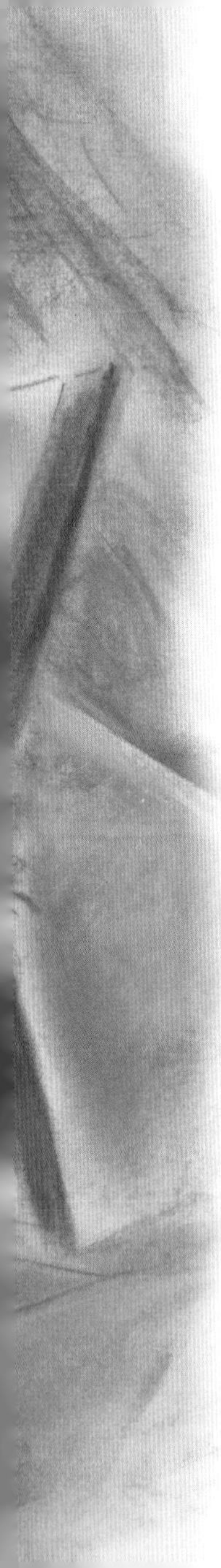

うのでした。

(ぼくも絵《え》を出《だ》そう。もし入選《にゅうせん》したら、絵《え》の勉強《べんきょう》ができるようになる。おじいさんやパトラッシェも、らくにしてあげられる。)

ネルロはそう決《き》めて、納屋《なや》にこもり、絵《え》をかきだしたのでした。

納屋《なや》の中《なか》はせまくて、あれはてていましたが、ちいさなまどから明《あか》るい光線《こうせん》がいっぱいにさしこみました。

ネルロは、材木《ざいもく》の切《き》れはしで※画架《がか》を組《く》み立《た》て、その上《うえ》に灰色《はいいろ》の大《おお》きな紙《かみ》をはりました。これだけの材料《ざいりょう》をそろえるために、パン

※画架《がか》…絵《え》をかくとき、紙《かみ》や布《ぬの》(キャンバス)をたてかける三本足《さんぼんあし》の台《だい》。イーゼルともいう。

を食《た》べずにすごしたことが、なんべんもありました。それでも、絵《え》の具《ぐ》までは買《か》えなくて、黒《くろ》いチョークを手《て》に入《い》れるのが、やっとでした。

ネルロが紙《かみ》にかきだしたのは、たおれた木《き》の上《うえ》にこしをおろしている、ひとりの老人《ろうじん》のすがたでした。ミシェルという木《き》こりの老人《ろうじん》が、夕《ゆう》ぐれどきに、よくそんなかっこうでいるところを、ネルロはたびたび見《み》ていたのです。

これまでにネルロは、絵《え》のかきかたをだれからも教《おそ》わったことがありませんでした。でも、ネルロの絵《え》は、つかれはてた老人《ろうじん》が、ひとりでもの思《おも》いにふけるさびしげなさまを、みごとにうつしだしていました。

もちろん、欠点《けってん》もなくはありませんが、いかにも自然《しぜん》で、いきいきとした美《うつく》しさにあふれていました。

春《はる》からかきはじめて、夏《なつ》も秋《あき》も、ネルロは、あいている時間《じかん》のすべてを、絵《え》をかくことにあてました。

けれど、このことを、ネルロはだれにもいいませんでした。ダースじいさんに話《はな》したところで、わかってもらえないでしょうし、アロアとのつきあいも、とだえたままでした。

ただ、パトラッシェにだけは、なにもかもうちあけていました。パトラッシェは、毎日《まいにち》、ネルロのそばにねころんで、絵《え》がすこしずつしあがっていくのを、じっと見《み》まもっていたのです。

「ルーベンスが生《い》きていたら、きっと、ぼくの絵《え》を入選《にゅうせん》させると思《おも》うけど。」

ネルロはパトラッシェにいいました。パトラッシェも、そのとおりだと思《おも》いました。

ルーベンスは、犬《いぬ》がすきな画家《がか》でした。もし、犬《いぬ》ずきでなかったら、あれほど正《せい》確《かく》に、いきいきと、犬《いぬ》をかくことはできなかったでしょう。

パトラッシェは、犬《いぬ》ずきの人間《にんげん》がやさしい心《こころ》の持《も》ち主《ぬし》であることを知《し》っていたのです。

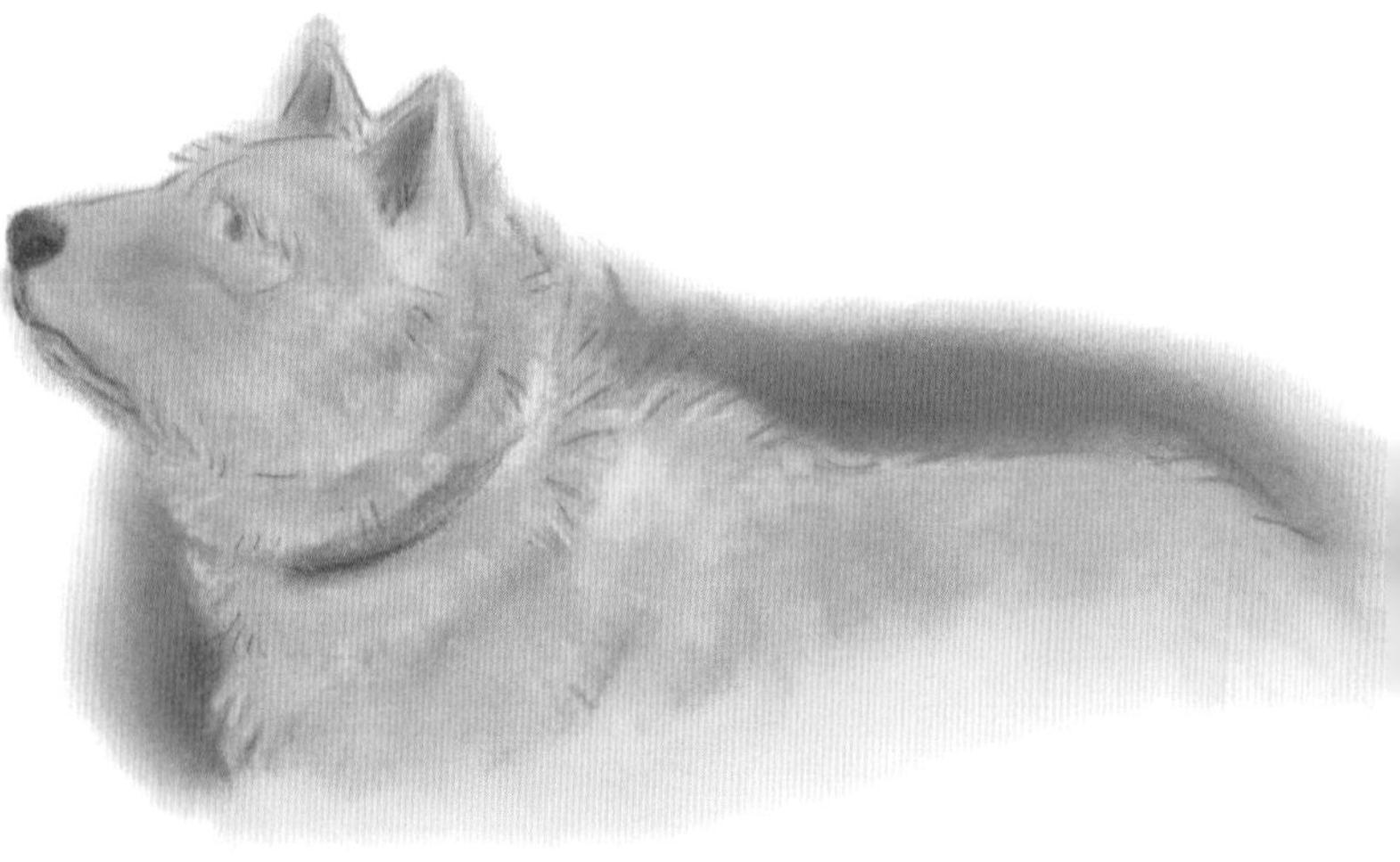

やがて冬《ふゆ》が来《き》て、ネルロの絵《え》がとうとうできあがりました。

作品《さくひん》の提出《ていしゅつ》は十二月一日《じゅうにがつついたち》、審査《しんさ》の発表《はっぴょう》は二十四日《にじゅうよっか》と決《き》められていました。

一日《いちにち》の朝早《あさはや》く、ネルロは、完成《かんせい》したばかりの大《おお》きな絵《え》を、牛乳缶《ぎゅうにゅうかん》といっしょに荷車《にぐるま》につみこみました。そして、こごえるような寒《さむ》さの中《なか》を、パトラッシェとともに、アントワープの公会堂《こうかいどう》へはこんでいきました。

（もしかすると、あの絵《え》は、たいしたものじゃないかもしれない。）

あれほどいっしょうけんめいにかいた絵《え》でしたが、いったん出《だ》してしまうと、ネルロの気《き》もちは、きゅうにおちつかなくなりました。

（字《じ》もろくに知《し》らないし、冬《ふゆ》だというのにくつしたもはけない。

そんなまずしいぼくが、えらい画家《がか》の目《め》にとまるような絵《え》をかこうなんて……。)

ネルロには、自分《じぶん》のしたことが、とんでもない、おろかなことに思《おも》えてきました。

けれど、帰《かえ》り道《みち》、大聖堂《だいせいどう》のそばをとおるとき、ネルロは、夕《ゆう》もやのむこうに、ふいにルーベンスのすがたを見《み》たような気《き》がしました。

「くじけるな、ネルロ。わたしだって、なんべんも苦《くる》しいめにあってきたんだよ。」

まぼろしのルーベンスは、ネルロの耳《みみ》もとで、そうささやいてくれたようでした。

ネルロは、ふたたび元気《げんき》をふるいおこし、走《はし》って家《いえ》に帰《かえ》りました。

その夜《よる》から、雪《ゆき》は毎日《まいにち》ふりつづき、寒《さむ》さは日《ひ》ごとにきびしくなりました。道《みち》も畑《はたけ》もさかいめがわからないほど白《しろ》くおおわれ、小《お》川《がわ》の流《なが》れもこおりました。

いまではパトラッシェも、ずいぶん年《とし》をとりました。ネルロがますます強《つよ》い若者《わかもの》となっていくのに、パトラッシェは力《ちから》もおとろえ、体《からだ》のふしぶしが痛《いた》むようになっていました。

ネルロはパトラッシェをいたわって、自分《じぶん》が荷車《にぐるま》を引《ひ》こうとしました。でも、パトラッシェはどうしてもききいれません。ただ、こおった道《みち》の上《うえ》などで、荷車《にぐるま》が前《まえ》へすすめなくなるときだけ、ネルロにあとおしをしてもらうのでした。

「パトラッシェ、家《いえ》で休《やす》んでおいで。おまえはもう、じっとしていていい年《とし》なんだよ。」

ネルロは朝《あさ》ごとに、そういいきかせました。けれど、パトラッシェはおきるとすぐに、かじ棒《ぼう》の中《なか》に入《はい》りこみました。そして、長《なが》い年月《としつき》、まるい足《あし》あとをつけてきた雪道《ゆきみち》を、はあはあああえぎながら、すすんでいくのでした。

(死《し》ぬまで、休《やす》んではいけない。)

パトラッシェは、そう思《おも》っていました。

そして、その休《やす》むときが来《く》るのも、そんなに先《さき》のことではないように思《おも》えるのでした。目《め》も、前《まえ》ほどには見《み》えなくなっていましたし、朝《あさ》おきるときに、体《からだ》がひどく痛《いた》むこともあったのです。

それでもパトラッシェは、夜明《よあ》けのかねがなりだすと、いっときもねどこにじっとしていませんでした。

パトラッシェが弱《よわ》ってきていることは、ダースじいさんにもわかりました。

「かわいそうになあ。わしらは、もうすぐ、いっしょに墓《はか》で休《やす》むことになるだろうよ。」

ダースじいさんは、しわだらけの手《て》をさしのべて、パトラッシェの頭《あたま》をなでました。それは、ひと切《き》れのパンをともに分《わ》けあってきた、やさしいてのひらでした。

そして、老人《ろうじん》と犬《いぬ》は、それぞれの心《こころ》の中《なか》でこう思《おも》うのでした。

（自分《じぶん》たちがいなくなったあと、だれがネルロのささえになってくれるのだろうか。）

と。

9 なかまはずれ

冬《ふゆ》の、ある日《ひ》の午後《ごご》でした。

つるつるにこおった道《みち》を、ネルロとパトラッシェは、いつものように、アントワープから帰《かえ》ってきました。

すると、とちゅうの道《みち》の上《うえ》に、赤《あか》い服《ふく》を着《き》たちいさな人形《にんぎょう》が落《お》ちていました。

ネルロが手《て》にとってみると、よごれもいたみもない、まあたらしい人形《にんぎょう》でした。

落《お》とし主《ぬし》がいないかと、あちこち見《み》まわしましたが、それらしい人影《ひとかげ》はどこにも見《み》えませんでした。

（そうだ、これをアロアにあげよう。アロアとは長《なが》いこと、なかよしだったんだもの。持《も》ち主《ぬし》のわからない、この人形《にんぎょう》をあげたって、ちっともかまわないだろう。）

ネルロが風車《ふうしゃ》の家《いえ》の前《まえ》まで来《き》たとき、あたりはもう暗《くら》くなっていました。

見《み》あげると、アロアのへやのまどに、ちいさな明《あ》かりがともっています。

ネルロは、まどの下《した》の物置小屋《ものおきごや》のやねによじのぼり、そこからアロアのまどをそっとたたきました。

すると、アロアがまどをあけて、おそるおそる外《そと》を見《み》ました。

ネルロは、アロアの手《て》に人形《にんぎょう》をにぎらせると、早口《はやくち》でひそひそといいました。

「これ、雪《ゆき》の中《なか》でひろったんだ。アロア、とっておきよ。」

そして、アロアがなにもいいださないうちに、物置小屋《ものおきごや》のやねからすべりおり、やみの中《なか》へきえていきました。

その夜《よる》おそく、風車《ふうしゃ》の家《いえ》に火事《かじ》がありました。

村《むら》の人々《ひとびと》はおどろいて、外《そと》へとびだしました。アントワープの町《まち》からは、雪《ゆき》をついて消防車《しょうぼうしゃ》が走《はし》ってきました。ねどこで休《やす》んでいたネルロも、いそいで手《て》つだいにかけつけました。

さいわい、火事《かじ》は、納屋《なや》と小麦《こむぎ》を焼《や》いただけで、大事《だいじ》にならずにおさまりました。家《いえ》の人《ひと》にもけがはなく、村《むら》の人々《ひとびと》もみんな、ほっとしました。

ところが、コゼツだんなはひどく腹《はら》をたて、火事《かじ》はだれかのつけ火《び》だと、さかんにいいたてました。そして、ネルロを見《み》ると、いきなりつきのけ、大声《おおごえ》でどなりました。

「おまえは、暗《くら》くなってから、ここらをうろついていたそうだな。

なぜ火事《かじ》がおきたか、おまえがいちばんよく知《し》っているだろう。」

これには、ネルロもびっくりしました。まるで火事《かじ》をおこしたのはネルロだと、決《き》めつけているような口《くち》ぶりです。

思《おも》いがけないひどい言《い》いがかりに、ネルロは、かえすことばもありませんでした。

ところが、コゼツだんなは、つぎの日《ひ》も、そのつぎの日《ひ》も、おおっぴらにネルロのわる口《くち》をいいふらしました。

ほどなく村人《むらびと》のあいだには、あの夜《よる》、ネルロが風車《ふうしゃ》の家《いえ》のそばをうろうろしていたとか、アロアとのつきあいをとめられたので、コゼツだんなにうらみを持《も》っていたとかいう、へんなうわさまでひろまりました。

日《ひ》ごろ、村人《むらびと》たちは、なにごとにつけ、コゼツだんなのいいなりになってきました。村《むら》いちばんの金持《かねも》ちの地主《じぬし》にさからったりすると、あとがこわいからでした。

火事《かじ》の夜《よる》をさかいに、村人《むらびと》たちは、ネルロにむかって、きゅうによそよそしく、ひややかになりました。

牛乳《ぎゅうにゅう》をあつめに毎朝《まいあさ》おとずれる家々《いえいえ》では、ろくに笑顔《えがお》も見《み》せなければ、あいさつのことばさえ、かけてくれなくなりました。

村人《むらびと》たちも心《こころ》の中《なか》では、コゼツだんなのいうことを本気《ほんき》で信《しん》じてはいませんでした。しょうじきでまじめなネルロの人《ひと》がらは、だれもがよく知《し》っていました。

けれど、コゼツだんなをおそれるあまり、村人《むらびと》たちはだれひと

り、ネルロをかばってはくれませんでした。

　このありさまを見《み》て、コゼツだんなのおくさんは、さすがにだまっていられなくなりました。おくさんは、泣《な》きながらコゼツだんなにいいました。

「いくらなんでも、あなたはひどすぎますよ。ネルロは信用《しんよう》のおける子《こ》です。どんなに苦《くる》しくても、わるいことをするような子《こ》ではありませんとも。」

　そのことは、コゼツだんなにもよくわかっていました。けれど、いったんいいだしたことを、いまさらあらためるような人《ひと》ではありませんでした。

　いちばんつらいのは、いうまでもなくネルロでした。でも、ネルロはなにをいわれても、いいわけひとつしませんでした。だまって、こらえるばかりでした。

ただ、パトラッシェとふたりきりのとき、ちょっとなみだぐみながら、こんなことをつぶやくのでした。

「あの絵《え》が入選《にゅうせん》したら！　そのときは、村《むら》の人《ひと》たちもきっと、すまなかったって、思《おも》うだろう。」

子《こ》どものときから、村《むら》の人々《ひとびと》に愛《あい》され、ほめられてきたネルロでした。

それがとつぜん、身《み》におぼえのないことで、村《むら》じゅうからなかまはずれにされるとは、なんともやりきれないことでした。

わけても、雪《ゆき》にとじこめられるこの季節《きせつ》には、村人《むらびと》どうし、おたがいにいたわりあい、いつもよりいっそう親《した》しくしあいました。

でも、ネルロたちとは、だれもつきあおうとはしませんでした。

そんなおりもおり、ネルロの身《み》のまわりに、またひとつ、つらいことがおきました。

牛乳《ぎゅうにゅう》の買《か》いつけに、毎日《まいにち》、アントワープの町《まち》から人《ひと》が出向《でむ》いてくるようになったのです。村人《むらびと》のほとんどは、このあたらしい買《か》い手《て》についてしまい、いままでどおりネルロにたのんでくれるのは三《さん》、四《よん》けんにへりました。

そのせいで、パトラッシェの引《ひ》く荷車《にぐるま》は、ぐんと軽《かる》くなりました。ネルロがうけとるお金《かね》もまた、いままでより、さらに少《すく》なくなりました。

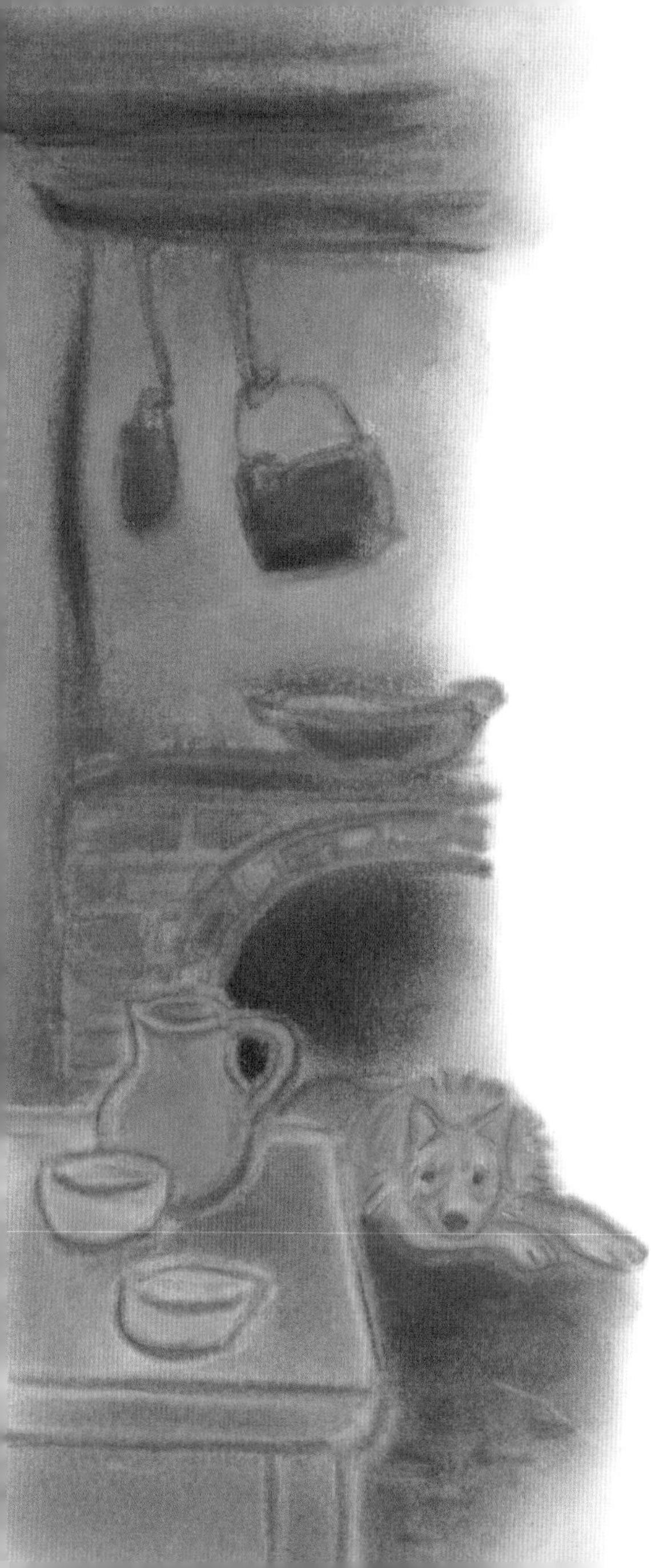

小屋《こや》のストーブには火《ひ》の気《け》がとだえがちになり、食事《しょくじ》もパンなしですませることが多《おお》くなりました。

10 小屋《こや》を出《で》る日《ひ》

クリスマスが近《ちか》づいたある夜《よる》、ダースじいさんが死《し》にました。ねむっているうちに、息《いき》を引《ひ》きとったのです。

朝《あさ》になってその死《し》を知《し》ったとき、ネルロはどんなにおどろき、なげき悲《かな》しんだことでしょう。

ダースじいさんは、長《なが》いあいだねたきりで、ほとんど動《うご》くことができませんでした。それでもネルロたちを思《おも》いやり、ふたりが帰《かえ》ってくるのを、いつもにこやかにむかえてくれたのでした。

そのダースじいさんがとつぜん、ふたりをのこして、この世《よ》からいなくなってしまったのです。ネルロは、とめどなくなみだを流《なが》しました。心《こころ》ぼそさとさびしさで、ネルロは、とめどなくなみだを流《なが》しま

雪《ゆき》のはげしくふる日《ひ》、ネルロとパトラッシェは、ダースじいさんのひつぎについて、教会《きょうかい》の墓場《はかば》へむかいました。

まずしい葬式《そうしき》の列《れつ》は、風車《ふうしゃ》の家《いえ》の前《まえ》をとおりました。中《なか》にいたおくさんは、

(きのどくなネルロ。これからは、うちの人《ひと》もあの子《こ》にやさしくしてやるでしょう。)

そう思《おも》いながら、コゼツだんなのほうをちらりと見《み》やりました。

コゼツだんなには、おくさんの心《こころ》のうちが、よくわかっていま

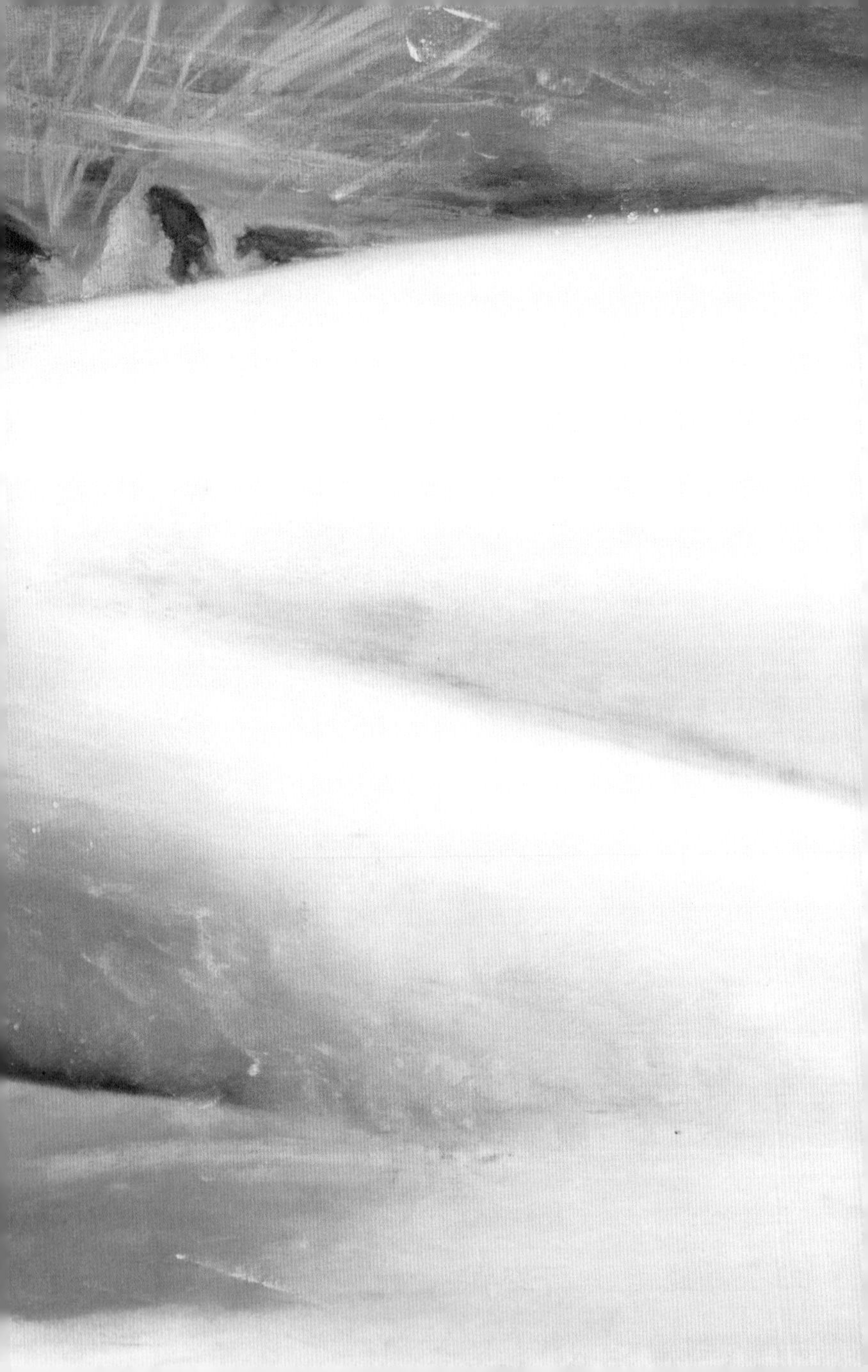

した。けれど、ますますかたくなになり、とびらをあけて葬式《そうしき》を見《み》おくろうともしませんでした。

「あのびんぼう人《にん》を、うちのアロアに近《ちか》づけてたまるか。」

コゼツだんなは、ろばたでたばこをふかしながら、ひとりごとをいいました。

おくさんはそのとき、なにもいいませんでした。でも、葬式《そうしき》がおわったあとで、アロアをそっとよびました。そして、キクの花《はな》輪《わ》をわたし、ダースじいさんのお墓《はか》にそなえてくるようにいいつけました。

ネルロとパトラッシェは悲《かな》しみにくれて、暗《くら》く、寒《さむ》い小屋《こや》へもどりました。けれど、ふたりがそこでくらすことは、もはやゆるされませんでした。

小屋《こや》の家賃《やちん》がひと月分《つきぶん》たまっていたうえに、ダースじいさんの葬式《そうしき》で、手《て》もとのお金《かね》をのこらずつかいはたしてしまったのです。

ネルロは、小屋《こや》の家主《やぬし》のところへ行《い》って、家賃《やちん》の支払《しはら》いをすこしのあいだ待《ま》ってくださいと、たのみました。

この家主《やぬし》というのは、くつなおし屋《や》で、コゼツだんなとは親《した》しいあいだがらでした。よくが深《ふか》く、人《ひと》をあわれむ気《き》もちなどまったく持《も》っていませんでした。

「なに、家賃《やちん》が払《はら》えないだと？　それなら、明日《あす》のうちに、とっとと出《で》ていってくれ。小屋《こや》の中《なか》のものは、家賃《やちん》がわりにぜんぶおいていくんだぞ。なべ、かまは、むろんのこと、石《いし》ころも棒《ぼう》きれも、なにもかもだ。」

家主《やぬし》は、あらあらしくいいました。

見《み》るからにみすぼらしい小屋《こや》でしたが、ネルロとパトラッシェは、この小屋《こや》が心《こころ》から気《き》に入《い》っていました。ふたりともここでくらしてきて、ほんとうに幸福《こうふく》でした。

はたらいても、はたらいても、くらしはらくになりませんでしたが、ふたりは毎日《まいにち》、いそいそと小屋《こや》へ帰《かえ》りました。そこにはいつも、ダースじいさんの笑顔《えがお》が待《ま》っていてくれました。

(ここを出《で》て、この先《さき》どこへ行《い》けばいいのだろう。)

ネルロとパトラッシェは、火《ひ》の気《け》のない小屋《こや》の中《なか》で、ひと晩《ばん》じゅうたがいによりそってすごしました。それでも体《からだ》はあたたまらず、

悲《かな》しみと寒《さむ》さとで、心《こころ》までこおってしまいそうな気《き》がしました。

夜《よ》が明《あ》けて、クリスマスイブの朝《あさ》が来《き》ました。

ネルロは体《からだ》をふるわせながら、たったひとりの友《とも》だちをかたくだきしめました。あついなみだが、はらはらとパトラッシェのひたいに落《お》ちました。

「行《い》こうよ、パトラッシェ。追《お》いだされるまで待《ま》つことはないよ。」

ネルロの思《おも》いは、そのままパトラッシェの思《おも》いでした。ふたりはならんで、しょんぼりと小屋《こや》を出《で》ました。

どちらにとっても、このうえなくなつかしく、だいじな小屋《こや》でした。そこにあるものは、どれひとつとっても、かけがえのないものばかりでした。

パトラッシェは、緑色《みどりいろ》の荷車《にぐるま》のそばをとおるとき、力《ちから》なくうなだれました。それはもう、自分《じぶん》たちのものではないのでした。

つかいなれた引《ひ》き具《ぐ》が目《め》にとまると、パトラッシェのむねは、はりさけそうになりました。できることなら荷車《にぐるま》のそばによこたわり、そのまま死《し》んでしまいたいほどでした。

(ああ、だけど、この自《じ》分《ぶん》をネルロがたよりにし

ているあいだは、どんなことがあっても、たおれてはいけないのだ！）

パトラッシェは、心《こころ》の中《なか》で、そうさけんでいました。

ふたりは、かよいなれた道《みち》を、アントワープにむけて歩《ある》きだしました。

まだ日《ひ》はのぼっていませんでしたが、もうおきだしている村人《むらびと》も何人《なんにん》かありました。でも、ふたりに目《め》をくれる人《ひと》は、ひとりもいませんでした。

ある家《いえ》の戸口《とぐち》まで来《き》たとき、ネルロはふいに足《あし》をとめ、中《なか》をのぞきました。

前《まえ》にダースじいさんが、その家《いえ》の人《ひと》たちに、なんべんも親切《しんせつ》にしてあげたことがあったのです。

「おねがいします。この犬《いぬ》に、パンをひと切《き》れやってくださいませんか。年《とし》をとっていますし、それに、おなかをすかせているんです。」

ネルロは頭《あたま》をさげ、えんりょがちにたのみました。

すると、その家《いえ》の女《おんな》の人《ひと》は、「今年《ことし》は麦《むぎ》のねだんが高《たか》いので」などと、ぶつぶついいながら、いきなり戸《と》をしめてしまいました。

ネルロとパトラッシェは、また、とぼとぼと歩《ある》きつづけました。もうだれにも、たのみごとはしませんでした。

ふたりが、ようやくアントワープにたどりついたとき、教会《きょうかい》のかねが十時《じゅうじ》を知《し》らせました。

ふたりとも、きのうの朝《あさ》からなにも食《た》べていなかったので、足《あし》もとがふらふらしていました。

（ぼくに、なにかお金《かね》になるようなものがあったらなあ。それを売《う》って、パトラッシェにパンを買《か》ってやれるんだけど。）

でも、ネルロが身《み》につけているものといえば、ぼろぼろの服《ふく》と、木《き》ぐつだけでした。

パトラッシェには、そんなネルロの心《こころ》のうちが、よくわかりました。そこで、

（わたしのことなら、なにも心配《しんぱい》しないでください。）

そうたのみこむように、鼻先《はなさき》をネルロの手《て》にこすりつけました。

その日《ひ》は、絵《え》のコンクールの入選者《にゅうせんしゃ》が発表《はっぴょう》される日《ひ》でした。

ネルロはパトラッシェとともに、会場《かいじょう》の公会堂《こうかいどう》へ行《い》きました。玄関《げんかん》にも廊下《ろうか》にも、発表《はっぴょう》を待《ま》つ若者《わかもの》がおおぜいあつまっていました。ネルロもその人々《ひとびと》にまじって、むねをどきどきさせていました。

やがて、正午《しょうご》をつげるかねがなり、大広間《おおひろま》のとびらがひらかれました。待《ま》ちかまえていた人々《ひとびと》は、どっと中《なか》へ入《はい》りこみました。入選《にゅうせん》した絵《え》は、木《き》の壇《だん》の上《うえ》にほかの絵《え》よりもいちだんと高《たか》く、かざられることになっていました。

ネルロの目《め》は、ぼうっとかすみ、ひざが、がくがくふるえだしました。ネルロはいったん目《め》をとじてから、こんどははっきり見《み》ひらいて、壇《だん》の上《うえ》の絵《え》を見《み》あげました。

それは、ネルロの絵《え》ではありませんでした。係《かかり》の人《ひと》が、入選者《にゅうせんしゃ》はアントワープの生《う》まれで、波止場主《※はとばぬし》のむすこであるとつげ、その名前《なまえ》をよみあげていました。

ネルロの目《め》の前《まえ》は、とつぜんまっ暗《くら》になり、なにひとつきこえなくなり……、なにもわからなくなって……。

気《き》がついたとき、ネルロは、玄関《げんかん》の石段《いしだん》の上《うえ》にたおれていました。パトラッシェが、そばでつついたりなめたりして、息《いき》をふきかえらせてくれたのでした。

むこうのほうでは、おおぜいの人《ひと》が、入選《にゅうせん》した若者《わかもの》をかこんでよろこびの声《こえ》をあげていました。

ネルロはよろよろと立《た》ちあがると、パトラッシェをだきしめ、

※波止場主《はとばぬし》…港《みなと》を管理《かんり》している人《ひと》。

よわよわしい声《こえ》でいいました。

「なにもかも、おわったんだよ。なにもかも。」

11 ひろったさいふ

雪《ゆき》がふりしきり、北風《きたかぜ》がはげしくふきあれていました。ネルロとパトラッシェは、つかれきった足《あし》どりで、いつもの道《みち》をもどっていきました。長《なが》い時間《じかん》をかけて、ようやく村《むら》の近《ちか》くまで来《き》たときは、もう暗《くら》くなっていました。

と、ふいにパトラッシェが立《た》ちどまり、鼻《はな》をならしながら、足《あし》もとの雪《ゆき》をかきわけました。そして、雪《ゆき》の中《なか》から革《かわ》のさいふをくわえだして、ネルロにさしだしました。

ちょうど道《みち》ばたに、キリストの十字架像《じゅうじかぞう》がたっていて、その下《した》

にランプがぼんやり、ともっていました。ネルロは、さいふをランプにかざしてみました。

それには、コゼツだんなのしるしがつけてあり、中《なか》にはお札《さつ》がぎっしりつまっていました。

「よく見《み》つけたね。」

ネルロはパトラッシェをなでてやり、さいふを服《ふく》のポケットにしまいました。そして、パトラッシェをつれて、風車《ふうしゃ》の家《いえ》にむかいました。

とびらをたたくと、コゼツだんなのおくさんが、目《め》を泣《な》きはらして出《で》てきました。アロアも泣《な》き顔《がお》で、母親《ははおや》にしがみついていました。

「まあ、ネルロ。うちはいま、たいへんなの。うちの人《ひと》が馬《うま》で帰《かえ》ってくるとちゅう、大金《たいきん》を落《お》としてしまってね。さがしに行《い》ったけど、この大雪《おおゆき》じゃ、とても見《み》つからないでしょう。うちは、めちゃめちゃになるわ。」

泣《な》き泣《な》き話《はな》すおくさんに、ネルロは、ひろったさいふをわたしました。それから、パトラッシェを家《いえ》の中《なか》によび入《い》れると、早口《はやくち》でいいました。

「パトラッシェがさっき、このさいふを見《み》つけたんです。コゼツだんなに、そうおつたえください。だんなもこの年《とし》とった犬《いぬ》に、ねどこと食《た》べものをあたえてくださるでしょう。犬《いぬ》がぼくについてこないようにしてください。犬《いぬ》にやさしくしてやってください。」

ネルロは体《からだ》をかがめて、パトラッシェにキスをしました。そして、ひとりで外《そと》へとびだすと、やみの中《なか》を走《はし》り去《さ》っていきました。

おくさんとアロアは、おどろきとよろこびとで、すぐには声《こえ》も出《で》ないほどでした。

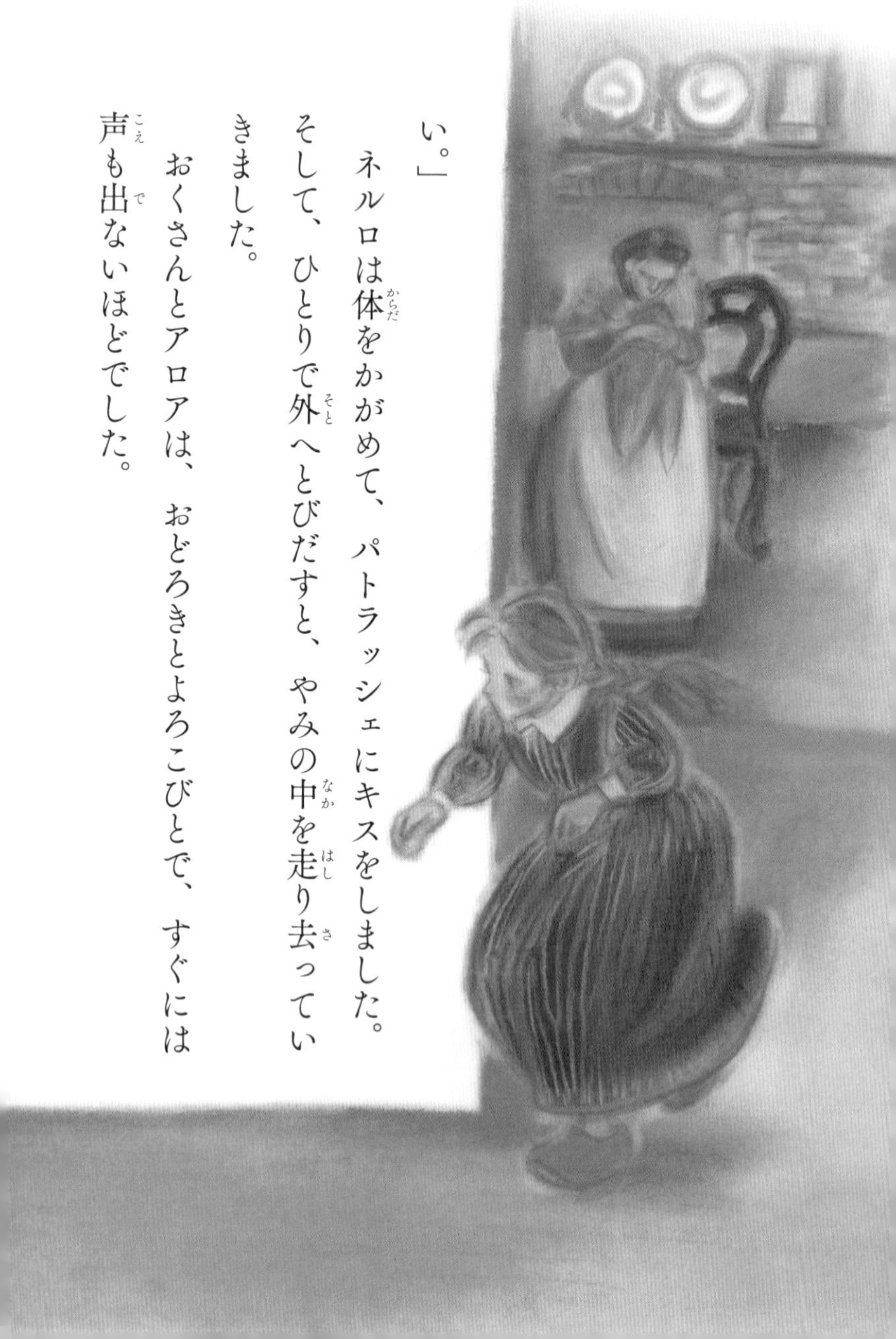

そのあいだ、パトラッシェは、とざされたとびらにむかい、はげしくほえたてていました。
おくさんとアロアは、パトラッシェをなだめにかかりました。おかしや肉《にく》をはこんできたり、あたたかいろばたへつれていこうとしました。
けれど、パトラッシェは、とびらの前《まえ》から、はなれようとはしませんでした。たくさんの食《た》べものにも見《み》むきもしませんでした。

六時《ろくじ》をすぎたとき、コゼツだんながつかれきったようすで、べつの戸口《とぐち》から入《はい》ってきました。

「だめだ。さんざんさがしまわったが、どこにもない。これでもう、うちの財産《ざいさん》はなくなってしまった。」

コゼツだんなは、声《こえ》をふるわせていいました。

おくさんはさいふを手《て》わたして、それがどうしてもどってきたかを話《はな》しました。コゼツだんなは、いすにくずれるようにすわりこむと、はずかしさのあまり顔《かお》をおおってしまいました。

「わしは、あの子《こ》をひどいめにあわせてきた。それなのに、こんなに親切《しんせつ》にしてもらうとは。」

コゼツだんなは低《ひく》い声《こえ》でつぶやきました。アロアは父親《ちちおや》のそばへより、ほおをすりよせていいました。

「ねえ、お父《とう》さん。ネルロをまた、ここへよんでもいいでしょう?」

コゼツだんなは、むすめをだきしめて、こたえました。

「いいとも。明日《あす》のクリスマスに来《き》てもらおう。いや、明日《あす》だけでなく、いつだって、すきなときに来《き》ていいんだよ。わしは、あの子《こ》につぐないをしなければ。」

アロアは、父親《ちちおや》のひざからすべりおりると、とびらのそばにいるパトラッシェのところへかけよりました。

「今夜《こんや》は、パトラッシェにごちそうしてもいいでしょう?」

「ああ、いいとも。いちばんうまいものを食《た》べさせておやり。」

家《いえ》の中《なか》は、クリスマスのかざりものにあふれ、ごちそうのにおいでいっぱいでした。アロアは、パトラッシェをだいじなお客《きゃく》さまとして、もてなそうとしました。

ところが、パトラッシェはろばたにねころぼうともしなければ、ごちそうに口《くち》をつけようともしませんでした。おなかはぺこぺこだし、寒《さむ》くてたまらなかったのですが、ネルロがいないところでは、どんなさそいにも耳《みみ》をかそうとはしなかったのです。

パトラッシェは、とびらにぴったりもたれ、にげだすすきをねらっていました。

「この犬《いぬ》は、ネルロをさがしているんだよ。なんていい犬《いぬ》だろう。

夜《よ》が明《あ》けたら、わしはいちばんに、あの子《こ》をむかえに行《い》ってくるよ。」

コゼツだんながいいました。

ネルロが小屋《こや》を追《お》われたことは、パトラッシェのほかに、まだだれも知《し》らないのでした。また、ネルロがなぜ、ひとりでここを出《で》ていったのかも、だれにもわかっていませんでした。

(ネルロは、死《し》ぬつもりなんだ。)

パトラッシェだけが、そのことに気《き》がついていたのです。

だんろでは大《おお》きな丸太《まるた》が、パチパチ音《おと》をたててもえていました。

そこへ、食事《しょくじ》にまねかれた近所《きんじょ》の人々《ひとびと》が、つぎつぎにあつまってきました。アロアは、明日《あす》になればネルロが来《く》るものと思《おも》い、はねたりうたったりして、ひとりで、はしゃいでいました。

　コゼツだんなは目《め》をうるませながら、ネルロとパトラッシェのことを、みんなに話《はな》しました。

　やがて、テーブルをかこんで、にぎやかな食事《しょくじ》がはじまりました。

　ずっと、すきをうかがっていたパトラッシェは、おくれてきたお客《きゃく》がとびらをあけたひょうしに、ひらりと外《そと》へとびだしました。そして、くたびれた足《あし》で、暗《くら》い、寒《さむ》い夜道《よみち》をどんどんかけていきました。

　パトラッシェの頭《あたま》の中《なか》には、ネルロをさがしだすことしかありませんでした。パトラッシェは、あの遠《とお》い夏《なつ》の日《ひ》に、ダースじいさんとネルロが、道《みち》ばたで死《し》にかけている自分《じぶん》をたすけてくれたことを、いまだにわすれていなかったのです。

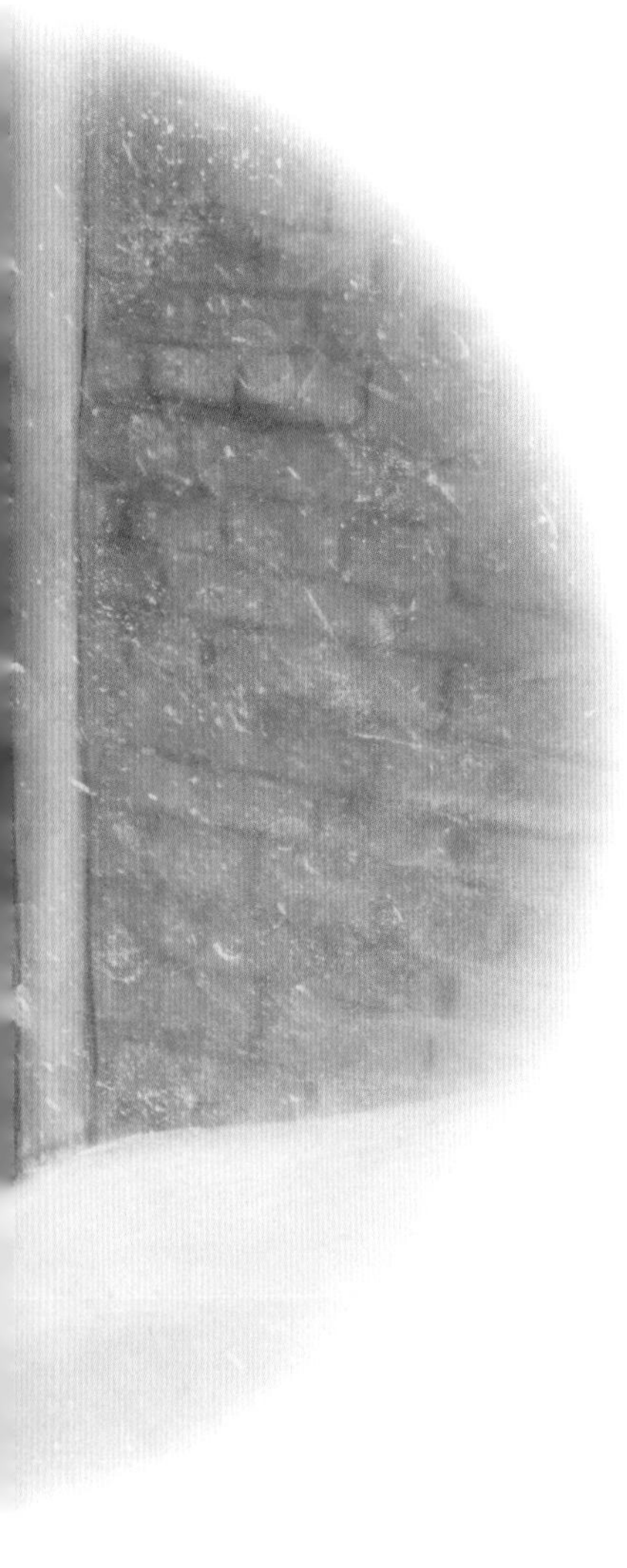

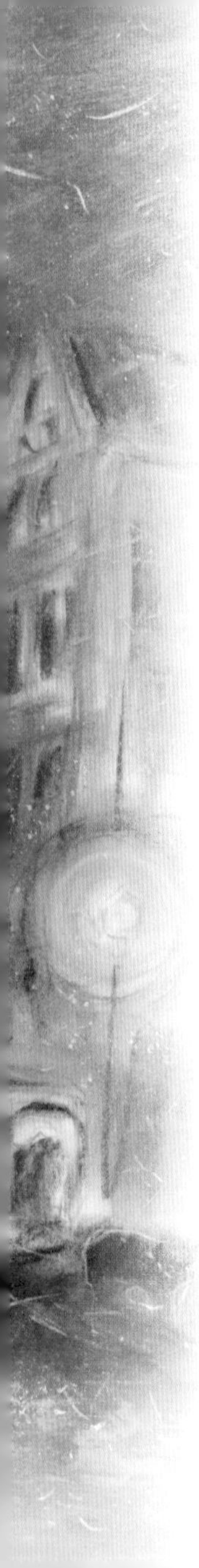

12 ルーベンスの絵《え》の下《した》で

雪《ゆき》は、なおもふりつづき、ネルロの足《あし》あとは、ほとんどきえてしまっていました。パトラッシェは、ネルロのにおいをかぎだすのに、ずいぶん手間《てま》どりました。やっと見《み》つけたと思《おも》うとたちまち見《み》うしない、またさがしだすという、そのくりかえしでした。

道《みち》には氷《こおり》がはりつめ、あたりは、すっぽりやみにつつまれていました。

ネルロの足《あし》あとは、雪《ゆき》の中《なか》でとぎれとぎれになりながらも、アントワープのほうへむかっていました。パトラッシェがそのあとをたどって、ようやく町《まち》の中《なか》へ入《はい》ったのは、もう真夜中《まよなか》をすぎていました。

パトラッシェは、寒《さむ》さに身《み》ぶるいしながらも、休《やす》まず歩《ある》いていきました。そしてとうとう、ネルロの足《あし》あとが町《まち》の中心《ちゅうしん》に入《はい》り、大聖堂《だいせいどう》の階段《かいだん》までつづいているのを見《み》つけました。

(だいすきなところへ行《い》ったんだ。)

パトラッシェは、そう思《おも》いました。

真夜中《まよなか》の礼拝《れいはい》がおわったあとで、大聖堂《だいせいどう》の入《い》り口《ぐち》にはだれもいませんでした。門番《もんばん》がしめわすれたのか、とびらのひとつがあいていました。ネルロの足《あし》あとは雪《ゆき》のかけらをのこしながら、たてものの中《なか》へと入《はい》っていました。

パトラッシェは、白々《しらじら》とこおったその雪《ゆき》をたよりに、おくへ、おくへとすすみました。そしてついに、石《いし》だたみの上《うえ》にたおれているネルロを見《み》つけました。そこは、ルーベンスのかいた、あの二《に》まいの絵《え》の真下《ました》でした。

パトラッシェはそばへより、そっと、ネルロの顔《かお》にふれました。

それはまるで、

「このわたしが、あなたを見《み》すてたりするものですか。」

そう話《はな》しかけているようでした。

ネルロはちいさなさけび声《ごえ》をあげ、おきあがってパトラッシェ

をだきしめました。
「来《き》てくれたんだね、パトラッシェ。ふたりで、ここで死《し》のう。ぼくたちはもう、ふたりっきりなんだ。」
パトラッシェは、返事《へんじ》をするかわりに、頭《あたま》をネルロのむねにのせました。茶色《ちゃいろ》の悲《かな》しそうなその目《め》に、大《おお》つぶのなみだがうかびました。

でもそれは、しあわせのなみだでした。だいすきなネルロと、もう二度《にど》と、はなればなれになることはないのですから——。

ふたりはぴったりよりそって、しずかによこたわりました。北《きた》の海《うみ》からふきつけてくる風《かぜ》は、まるで氷《こおり》の波《なみ》のようでした。けれど、しばらくするうちに、ふたりの体《からだ》は寒《さむ》さを感《かん》じなくなりました。ふたりは、こころよいねむりにさそわれ、むかしのたのしかった日《ひ》のゆめを見《み》ていたのです。

花《はな》のさく夏《なつ》の牧場《まきば》で追《お》いかけっこをしたり、水辺《みずべ》の草《くさ》にねころんで船《ふね》の行《い》き来《き》をながめたりした、あのころのゆめを……。

とつぜん、やみの中《なか》に白《しろ》い光《ひかり》がさしこみました。雪《ゆき》がやんで、空高《そらたか》くのぼっていた月《つき》が、雲《くも》のあいだからあらわれたのです。

ふたりは、はっと目《め》をさましました。

月《つき》の光《ひかり》は、つもった雪《ゆき》に反射《はんしゃ》して、まばゆいほどにかがやいていました。それはアーチ形《がた》のまどから流《なが》れこみ、二《に》まいの絵《え》いっぱいにあたっていました。絵《え》にかけてあったおおいは、ネルロがここへ入《はい》ってきたときに、その手《て》で、はぎとったのでした。

いっしゅん、『十字架《じゅうじか》をたてる』と『十字架《じゅうじか》からおろす』の名《めい》画《が》が、くっきりとうかびあがりました。

ネルロは立《た》ちあがり、絵《え》にむかって両手《りょうて》をさしのべました。青《あお》ざめた顔《かお》に、よろこびのなみだが光《ひか》りました。

「とうとう見《み》たんだ！」

ネルロは声《こえ》をふりしぼって、さけびました。

「ああ、神《かみ》さま。ありがとうございます。これで、じゅうぶんでございます。」

ネルロの手足《てあし》には、もう力《ちから》がありませんでした。よろめいて、ひざをつきましたが、その目《め》は、なおも絵《え》を見《み》つめていました。長《なが》いあいだ見《み》ることのできなかった二《に》まいの絵《え》を、いま、光《ひかり》は、くまなくてらしだしてくれました。それは天国《てんごく》からとどいたように、明《あか》るく、美《うつく》しく、強《つよ》い光《ひかり》でした。

やがて、月《つき》は雲《くも》にかくれました。絵《え》はふたたび、やみにつつみこまれました。

ネルロのうでは、パトラッシュの体《からだ》をしっかりとだきしめました。

「ぼくたちは、イエスさまのお顔《かお》を、あの世《よ》で見《み》られるだろう。イエスさまは、ぼくたちを、はなればなれにはなさらないよ。」

あくる朝《あさ》、アントワープの人々《ひとびと》は、大聖堂《だいせいどう》のゆかの上《うえ》で、つめたくなっているふたりを見《み》つけました。ふたりはねむったような顔《かお》をして、かたくだきあっていました。きびしい夜《よる》の寒《さむ》さは、若《わか》い命《いのち》も年《とし》とった命《いのち》も、ともに、こおらせてしまったのでした。

頭《あたま》の上《うえ》ではルーベンスの絵《え》が、ふたりを見《み》おろしていました。キリストの顔《かお》に、朝《あさ》の光《ひかり》がふりそそいでいました。

神父《しんぷ》さんたちはふたりの前《まえ》にひざまずいて、おいのりをささげました。

日《ひ》がすこし高《たか》くなったころ、気《き》むずかしい顔《かお》をした男《おとこ》がやって

きて、泣《な》きじゃくりながらいいました。
「わしは、この子《こ》につらくあたってきた。そのつぐないをしよう
と思《おも》っていたのに！　アロアのむこにしたかったのに！」
しばらくして、べつの男《おとこ》が入《はい》ってきました。この人《ひと》は名高《なだか》い画《が》

家《か》でしたが、コンクールの審査員《しんさいん》ではありませんでした。

「この少年《しょうねん》こそ、きのうのコンクールで入選《にゅうせん》すべきでした。日《ひ》ぐれどきに、たおれた木《き》の上《うえ》にすわっている木《き》こりの老人《ろうじん》。ただそれだけの絵《え》でしたが、天才的《てんさいてき》な、すばらしい素質《そしつ》がひらめいていました。わたしはこの子《こ》を引《ひ》きとって、絵《え》を教《おし》えたいと思《おも》っていたのですが……。」

また、金色《きんいろ》のまき毛《げ》の女《おんな》の子《こ》が、父親《ちちおや》のうでにしがみつき、泣《な》きながらいいました。

「さあ、ネルロ、うちへいらっしゃいよ。あなたに来《き》てもらう用意《ようい》が、すっかりできているのよ。ふたりして、ろばたでクリを焼《や》いていいって、お母《かあ》さんもいってるわ。もちろん、パトラッシェもよ。ねえ、ネルロ、おきてらっしゃいな！」

けれど、ネルロの青白《あおじろ》い顔《かお》は、ルーベンスの絵《え》のほうをむいたままでした。口《くち》もとにほほえみをうかべて、人々《ひとびと》に、こういっているようでした。

「いいんだよ、もう……。」

かねの音《ね》が、アントワープからフランダースの平原《へいげん》へと、おごそかにひびきわたっていきました。日《ひ》の光《ひかり》が、雪《ゆき》の上《うえ》をまぶしくてらしていきました。

人々《ひとびと》は、なにごともなかったかのように、町《まち》の中《なか》をとおりすぎていきました。でも、ネルロとパトラッシェがそこを歩《ある》くことは、もう二度《にど》とありませんでした。

ネルロとパトラッシェは、いつも、いっしょに生《い》きてきました。死《し》んだあとも、ふたりは、はなれませんでした。ネルロのうでが、あまりにもかたくパトラッシェをだいていたので、力《ちから》ずくでなければ引《ひ》きはなせなかったのです。

村《むら》の人々《ひとびと》は、自分《じぶん》たちのひどいしうちを、いまさらのように後《こう》悔《かい》し、はずかしく思《おも》いました。そして、せめてものつぐないに、ひとつのお墓《はか》をつくり、ネルロとパトラッシェをならべてねむらせました。

いつまでも、いっしょに、やすらかにと。

〈解説《かいせつ》〉芸術《げいじゅつ》への情熱《じょうねつ》で描《えが》いた、少年《しょうねん》と犬《いぬ》との愛《あい》

森山《もりやま》 京《みやこ》

作者《さくしゃ》ウィーダの生涯《しょうがい》

『フランダースの犬《いぬ》』の原作者《げんさくしゃ》は、ウィーダというイギリスの女流作家《じょりゅうさっか》です。ルイズ・ド・ラ・ラメというのが本名《ほんみょう》ですが、幼《おさな》いころ、自分《じぶん》の名《な》のルイズがうまく言《い》えず、ウィーダと言《い》っていたところから、後年《こうねん》それをペンネームにしたということです。

　ウィーダは一八三九年《ねん》にイギリスに生《う》まれました。父《ちち》はフランス人《じん》、母《はは》はイギリス人《じん》でした。少女《しょうじょ》のころから読書《どくしょ》が好《す》きで、二十歳《はたち》くらいから小説《しょうせつ》を書《か》きはじめました。三十代半《さんじゅうだいなか》ばをすぎてイタリアに移《うつ》り、以後《いご》この国《くに》に永住《えいじゅう》しました。生来《せいらい》、情熱的《じょうねつてき》で派《は》手好《でごの》みだったウィーダには、明《あか》るくて陽気《ようき》なイタリアの風土《ふうど》の方《ほう》が気質《きしつ》に合《あ》っていたようです。

　ウィーダは、小説《しょうせつ》のほかに少年向《しょうねんむ》きの物語《ものがたり》やエッセイをつぎつぎと発表《はっぴょう》しました。初期《しょき》の作品《さくひん》は空想的《くうそうてき》で、ときには怪奇《かいき》な傾《けい》

向《こう》がありましたが、年《とし》を重《かさ》ねるにつれ、作《さく》風《ふう》もしだいに落《お》ちつきが出《で》てきました。人《にん》気《き》作家《さっか》となってからは、イギリス、イタリア両国《りょうこく》の社交界《しゃこうかい》でも華々《はなばな》しく活躍《かつやく》しました。犬《いぬ》が好《す》きで、自宅《じたく》でパーティーを開《ひら》くときなど、何匹《なんびき》もの犬《いぬ》をしたがえて客《きゃく》を迎《むか》えたといいます。

しかし晩年《ばんねん》は不遇《ふぐう》で、経済的《けいざいてき》にも恵《めぐ》まれませんでした。生涯《しょうがい》を独身《どくしん》ですごし、一九〇八年《ねん》にイタリアでこの世《よ》を去《さ》りました。

ウィーダとフランダース

ウィーダの代表作《だいひょうさく》である『フランダースの犬《いぬ》』は一八七二年《ねん》、作者《さくしゃ》が三十三歳《さい》のときにイギリスで出版《しゅっぱん》されました。絵《え》の才能《さいのう》を持《も》った貧《まず》しい少年《しょうねん》と忠実《ちゅうじつ》な犬《いぬ》との美《うつく》しくもあわれな物語《ものがたり》で、イギリス児童文学《じどうぶんがく》の世《せ》界的《かいてき》な名作《めいさく》として知《し》られています。

この作品《さくひん》の舞台《ぶたい》となっているのは、十九世紀後半《せいきこうはん》のフランダース地方《ちほう》（ベルギーの北部《ほくぶ》で、フランス、オランダにもまたがっている。フランドルともいう）です。ウィーダ自身《じしん》も若《わか》いころ、この地方《ちほう》の都市《とし》アントワープに滞在《たいざい》したことがあり、文中《ぶんちゅう》にはこのあたり一帯《いったい》の風物《ふうぶつ》や風俗《ふうぞく》がこまかく描写《びょうしゃ》されています。

牧場《まきば》や畑《はたけ》の広《ひろ》がるのどかな村《むら》、運河《うんが》を行《い》き来《き》する大《おお》きな船《ふね》、古《ふる》ぼけた風車小屋《ふうしゃごや》。木《き》靴《ぐつ》をはいた土地《とち》の子《こ》どもや、たくましい体《からだ》

ネルロが最後《さいご》まで見《み》たがった、大聖堂《だいせいどう》にあるルーベンスの二組《ふたくみ》の大作《たいさく》のうち、『十字架《じゅうじか》をたてる』。

つきのフランダース産《さん》の犬《いぬ》は、他国《たこく》から訪《おとず》れたウィーダの目《め》に物珍《ものめずら》しくうつったことでしょう。

また、アントワープの町《まち》の中《なか》を敷石《しきいし》を踏《ふ》みながらめぐり歩《ある》き、大聖堂《だいせいどう》の鐘《かね》の音《ね》に聞《き》き入《い》ったこともあったはずです。アントワープが誇《ほこ》る巨匠《きょしょう》ルーベンスについても、その足跡《そくせき》をたずね、作品《さくひん》にふれ、墓所《ぼしょ》に詣《もう》でて偉大《いだい》な生涯《しょうがい》を偲《しの》んだにちがいありません。こうした見聞《けんぶん》と印象《いんしょう》をもとに、ウィーダは持《も》ち前《まえ》の豊《ゆた》かな想像力《そうぞうりょく》とすぐれた描写力《びょうしゃりょく》を駆使《くし》して、傑作《けっさく》『フランダースの犬《いぬ》』を書《か》きあげたのです。

対《つい》になっている『十字架《じゅうじか》からおろす』。ネルロはこの絵《え》の下《した》で息《いき》を引《ひ》きとったという。

大画家《だいがか》ルーベンスの存在《そんざい》

この物語《ものがたり》の主人公《しゅじんこう》は、貧困《ひんこん》と迫害《はくがい》に耐《た》えて懸命《けんめい》に生《い》きようとしますが、つぎつぎと不幸《ふこう》に見舞《みま》われます。終始《しゅうし》、はらはらさせられる劇的《げきてき》な展開《てんかい》ではあるものの、子《こ》ども向《む》きの物語《ものがたり》としては、暗《くら》く悲《かな》しいストーリーです。

十七世紀《じゅうななせいき》のヨーロッパを代表《だいひょう》する画家《がか》、ルーベンスの自画像《じがぞう》。なみはずれた才能《さいのう》と、旺盛《おうせい》な制《せい》作意欲《さくいよく》を持《も》ち、宮廷《きゅうてい》や教会《きょうかい》などを中心《ちゅうしん》に活動《かつどう》し、生涯《しょうがい》で二千《にせん》点《てん》もの作品《さくひん》を残《のこ》した。

にもかかわらず、読者《どくしゃ》をひきつけてやまないのは、なによりも少年《しょうねん》と犬《いぬ》のあたたかい友情《ゆうじょう》にありますが、それとともに物語《ものがたり》の底《そこ》に流《なが》れているルーベンスの存在《そんざい》も見落《みお》とせません。物語《ものがたり》の終章《しゅうしょう》で、大聖堂《だいせいどう》のルーベンスの名画《めいが》が、月《つき》の光《ひかり》の中《なか》に浮《う》かびあがる感動的《かんどうてき》な場面《ばめん》。今《いま》もわたしたちが目《め》にすることができるキリスト画《が》の前《まえ》で、少年《しょうねん》と犬《いぬ》が死《し》を迎《むか》える結末《けつまつ》には、作者《さくしゃ》ウィーダの芸《げい》術《じゅつ》に対《たい》する情熱《じょうねつ》と卓越《たくえつ》した創造力《そうぞうりょく》がうかがわれます。

ウィーダがこの物語《ものがたり》を書《か》こうとしたのも、フランダースの子《こ》どもや犬《いぬ》からの印象《いんしょう》より、ルーベンスの芸術《げいじゅつ》にふれたことがきっかけだったのではないでしょうか。そういう意《い》味《み》では『フランダースの犬《いぬ》』は、少年《しょうねん》と犬《いぬ》との愛《あい》の絆《きずな》の強《つよ》さを描《えが》く一方《いっぽう》で、偉大《いだい》な芸《げい》術《じゅつ》家《か》ルーベンスを語《かた》る物語《ものがたり》でもあるのです。

この作品《さくひん》が日本《にほん》に紹介《しょうかい》されたのは、わが国《くに》が近代国家《きんだいこっか》として歩《あゆ》みはじめた明治時代《めいじじだい》でした。以来《いらい》、今日《こんにち》まで何世代《なんせだい》にもわたって読《よ》みつがれてきたことはご存《ぞん》じのとおりです。幼《おさな》いころ、この物語《ものがたり》によってルーベンスの絵《え》のこと、アントワープの町《まち》のことを知《し》った読者《どくしゃ》も少《すく》なくありません。『フランダースの犬《いぬ》』は、このちも日本《にほん》の子《こ》どもたちにとって、永遠《えいえん》の名作《めいさく》でありつづけるでしょう。

ウィーダ（原作）

1839 － 1908

イギリス出身の女性作家。20 歳頃から小説を書きはじめ、『フランダースの犬』をはじめ、数多くの作品を書いた。人気作家として、社交界でも活躍。30 代半ばにイタリアへ移り、晩年は犬とともにイタリアで過ごした。

森山 京（文）

1929 － 2018

広告会社でコピーライターとして活躍後、童話の創作をはじめる。『ねこのしゃしんかん』（講談社）でボローニャ国際児童図書展エルバ賞特別賞、『きいろいばけつ』『つりばしゆらゆら』などの「きつねのこ」シリーズ（あかね書房）で路傍の石幼少年文学賞、『あしたもよかった』（小峰書店）で小学館文学賞、『まねやのオイラ旅ねこ道中』（講談社）で野間児童文芸賞、『パンやのくまちゃん』（あかね書房）でひろすけ童話賞、『ハナと寺子屋のなかまたち 三八塾ものがたり』（理論社）で赤い鳥文学賞を受賞。2014 年日本児童文芸家協会より児童文化功労者の表彰を受ける。

いせひでこ（絵）

1949 －

画家、絵本作家。13 歳まで北海道で育つ。東京藝術大学卒業。『マキちゃんのえにっき』（講談社）で野間児童文芸新人賞、『水仙月の四日』（偕成社）で産経児童出版文化賞美術賞、『ルリユールおじさん』（理論社）で講談社出版文化賞絵本賞を受賞。おもな絵本に『1000 の風 1000 のチェロ』『にいさん』『チェロの木』『ピアノ』（偕成社）、『大きな木のような人』『まつり』『最初の質問』『幼い子は微笑む』（講談社）、『あの路』『木のあかちゃんズ』『たぬき』（平凡社）、『けんちゃんのもみの木』（BL 出版）など。『カザルスへの旅』『グレイがまってるから』『七つめの絵の具』などの単行本・エッセイも多くの読者から支持されている。

ビジュアル特別版

フランダースの犬

発行日　2024年7月30日　初版第1刷発行

原作　ウィーダ
文　森山 京
絵　いせひでこ

発行者　岸 達朗
発行　株式会社世界文化社
〒102-8187 東京都千代田区九段北4-2-29
TEL 03-3262-6632（編集部）　03-3262-5115（販売部）
印刷・製本　共同印刷株式会社

ISBN978-4-418-24816-2

装丁／鷹觜麻衣子　写真／ユニフォトプレス

＊本書は1998年刊行の『小学館世界の名作11　フランダースの犬』を新たに読み物として再編集したものです。
＊一部、現在の人権を守る立場からすると適切でないと思われる表現がありますが、作品の書かれた時代背景、作者に人権侵害の意図がなかったことを踏まえ、原文のまま掲載しております。